Schamanenweisheit

W0190776

Tony Samara

SCHAMANEN-WEISHEIT

Rückkehr in die
verlorene Einheit
des Kosmos

1. Auflage 2008

Tony Samara
Schamanenweisheit

Der Titel des englischen Originals lautet »A Shaman's Wisdom«.
Übersetzt aus dem Englischen von Gabriele Horvat, Andreas Lentz und Anja Fietz.

Titelseite:
Foto: unbekannt (Rechteinhaber bitte melden!)
Gestaltung: Dragon Design, GB

Satz und Gestaltung:
Dragon Design, GB
Gesetzt aus der Lingwood

Gesamtherstellung: Fuldaer Verlagsanstalt GmbH, Fulda

Printed in Germany

ISBN 978-3-89060-276-9

Neue Erde GmbH
Cecilienstr. 29 · 66111 Saarbrücken · Deutschland · Planet Erde
www.neueerde.de

Inhalt

*Der Schamane kann nur dann mit der
Arbeit als Heiler beginnen, wenn er
durch das geht, was die Erfahrung von
Tod und Wiedergeburt genannt wird:
den Tod des Leidens und die Wiedergeburt
zu einer neuen Sichtweise der Dinge, wo
der Bezugspunkt nicht mehr das Ego ist,
sondern der Kosmos; alles hängt mit
allem zusammen. Bei meiner Einweihung
verabreichte man mir Ayahuasca, und
sodann erfaßte ein fürchterlicher Sturm
den Wald und mich. Ich stand die größte
Angst meines Lebens aus. Mein ganzer
Körper löste sich auf, und ich hatte das
Gefühl zu sterben. Ich rief die Götter
erschiedener Religionen an, doch vergeblich.
Eine große Schlange erschien und begann,
mich zu verschlingen. Ich sah in ihr ein
Sinnbild für die pulsierende Energie des
Weltalls. Nun verließ mich die Angst vor
dem Sterben. Ich hatte jeden Bezug zur
Außenwelt verloren. Mein Körper war ein
Teil des Weltganzen geworden. Ich
empfand ein Gefühl der Einheit.*

*Diese Initiation veränderte meine
Wahrnehmungen der Wirklichkeit
vollständig. Befreit von meiner früheren
Prägung, konnte mein Geist nun den
Zauber und die Freude des Daseins
atmen.*

Tony Samara

Vorwort

Da wir in solch unbeständigen und seltsamen Zeiten leben, kann der Schlüssel zu uns selbst leicht zwischen den vielen gegensätzlichen Botschaften, Leidenschaften und Gefühlen, denen wir täglich ausgesetzt sind, verlorengehen, und das führt häufig zu Streß, Krankheit und Traurigkeit.

Mir ist klargeworden, daß dieser Widerstreit, den auch ich erfahren habe, darin besteht, daß die westliche Kultur dem inneren Prozeß, den ich Heilung nenne, keine Anerkennung schenkt. Dieses Buch handelt von jenem Prozeß.

Ich hoffe, daß dieses Buch Ihr Herz aufschließt und Sie für eine Welt öffnet, welche die alten schamanischen Kulturen hochschätzten. Ich wünsche mir, daß dieses Buch Ihnen durch seine wirksamen Werkzeuge und seine freudige Weisheit Mut macht.

Ich danke Ihnen, daß Sie sich auf die verlorene Verbindung mit dem Kosmos zurückbesinnen.

Einleitung

Als Kind litt ich an einer Blutkrankheit ähnlich wie Anämie. Ich war schwach, und schwach war auch mein Immunsystem. Vielleicht war es gerade das, was mir erlaubte, das Innere der Dinge in einer sehr unüblichen Weise für ein Kind meines Alters zu sehen, das in der westlichen Welt lebte. In Eingeborenenkulturen würde eine solche Erkrankung oftmals als Beginn eines tiefgreifenden Prozesses angesehen werden, der zu einer Einweihung führen konnte.

Eines Tages enthüllte mir ein eindringlicher Traum, daß es nicht die äußere Welt ist, die uns erhält, sondern eine sehr tiefe Kraft, die aus unserem Inneren kommt. In diesem Traum sah ich einen Stuhl aus purem Gold ganz oben auf einem schönen Hügel stehen. Jemand, mit dem ich damals zusammenarbeitete, fragte mich, ob dies mein Stuhl sei. Ich verneinte, und er forderte mich auf: »Warum sitzt du nicht auf dem Stuhl?« Also setzte ich mich. Dann brach ich in Tränen aus. Mein ganzes Wesen verstand in diesem Augenblick, daß das Leben uns fortwährend nährt und die Welt uns gehört. Durch diesen Traum hatte sich meine Weltanschauung für immer unwiderruflich verändert, und ich war auf die zukünftigen Geschehnisse vorbereitet worden, was ich zu dem damaligen Zeitpunkt natürlich noch nicht wußte.

Als Jugendlicher trug ich einen inneren Kampf aus, indem ich mich bemühte, »normal« zu werden; ich wollte mich möglichst an die westliche Gesellschaft anpassen, in der ich lebte. Und doch spürte ich, daß ein Teil von mir nicht dazu gebracht werden konnte und wollte, einen Weg einzuschlagen, der nicht der meine war. Ärzte und Psychologen waren mir so gut wie keine Hilfe. Ich begann ein Interesse für Philosophie und Religion zu entwickeln und entdeckte den Buddhismus für mich, mit dem ich einen Weg fand, mein Herz zu nähren. Im Alter von fünfzehn Jahren lernte ich zu meditieren, und später trat ich in ein Zen-Kloster ein, das auf dem Gipfel eines wunderschönen kalifornischen Berges gelegen war, nahe San Bernardino, wo die Luft rein und das Essen gesund war. Ich wurde Vegetarier und dadurch nicht mehr krank. Diese Erfahrungen ließen mich erkennen, daß meine früheren Konflikte einfach aus der Unkenntnis der westlichen Kultur gegenüber dem inneren Heilungsprozeß und der spirituellen Entwicklung entstanden waren.

Nach zwei Jahren im Kloster erschien mir der Buddhismus jedoch als zu simpel. Obgleich die Lebensweise sehr hart war (mit Meditationen, die um 3 Uhr morgens begannen, sowie einem Tag, der oftmals erst kurz vor Mitternacht endete) und das Sitzen in der vollkommenen Lotushaltung in den ersten sechs Monaten die absolute Qual für mich gewesen war, fühlte ich mich zwar wohl im Kloster, aber meine innere Stimme riet mir, daß ich die Harmonie, die ich im Inneren gefunden hatte, nun in der äußeren Welt umsetzen sollte. Also verließ ich das Kloster, um zunächst nach New York und später nach London zu gehen. Der Schock war groß. Der Buddhismus hatte mir nicht die ganze Sicht der Dinge vermittelt. Die äußere Welt war – und ist immer noch – sehr krank. Es ist leicht, die Schönheit der Dinge zu erkennen, wenn man in einer schönen Umgebung lebt, aber es ist etwas völlig anderes, wenn man sich inmitten von Kälte und Chaos in einer Stadt wie New York befindet. Mein innerer Friede war mit dem harmonischen Alltag des Klosters verbunden und wurde von ihm getragen. In diesen »Betondschungeln« fühlte ich mich leer und unzufrieden, und da ich schon immer eine tiefe Liebe zum Meer und seinen Lebewesen empfunden hatte, ging ich nach Australien, um Meeresbiologie zu studieren.

Nach einem Jahr an der Universität hatte ich den Wunsch, etwas Praktisches tun. Es zog mich zum Amazonas, ich wollte den Regenwald »retten«, ihn irgendwie vor der Zerstörung bewahren. Ich schrieb an eine Naturschutzorganisation, die ihren Sitz in Brasilien hatte. Sechs Monate später erhielt ich einen Brief aus der Gegend des oberen Amazonas, nahe Peru und Bolivien, mit dem man mich einlud, in einer kleinen Einrichtung in einem Teil des Waldes mitzuarbeiten, der gerade schnell zerstört wurde. Also verließ ich Australien, um mich vor Ort für den Erhalt des Regenwaldes am Amazonas einzusetzen.

Bald darauf fand ich mich in einem Dorf wieder, in dem die berühmten Ayahuascero-Schamanen* wohnten, die mich durch starke Transformationserlebnisse führen sollten.

Allmählich erkannte ich, daß mich diese Schamanen zu sich gerufen hatten und die vielfältigen Erfahrungen, die ich mit ihnen teilte, einem bestimmten Zweck dienten: Es war notwendig, das Wissen dieser Schamanen nach außen zu tragen und es mit der übrigen Welt zu teilen, besonders mit der des Westens.

---

*Schamanen, die mit der am Amazonas beheimateten Heilpflanze Ayahuasca arbeiten.

Vom Regenwald in die Anden

Schon ein paar Tage nach meiner Ankunft bekam ich einen ersten tiefen Eindruck vom Amazonas, in dieser Dimension und zugleich in einer völlig andersartigen Dimension des Bewußtseins. Ich befand mich in einem Kanu, das einen Fluß hinabfuhr. Um mich herum waren viele Menschen, die mich anstarrten, und viele Gedanken gingen mir durch den Kopf. Die Zeit schien stillzustehen. Es regnete in Strömen. Die Laute der Natur waren überall. Ich selbst war voller Angst und Zweifel.

Auf den Regenwald hielt ich mich für sehr gut vorbereitet. Ich hatte sechs Monate lang in einem Sportstudio meine körperliche Fitneß verbessert. Ich hatte mit Büchern und Sprachkassetten mein Spanisch aufpoliert. Ich hatte mir eine Machete, eine Hängematte und einen Kompaß zugelegt, aber ach... wie ich ständig von den Moskitos gestochen wurde! Unser Kanu war noch vor kurzem ein Baum gewesen, und wir mußten ununterbrochen Wasser herausschöpfen, um nicht zu sinken. Wenn wir an einen Felsen oder Baumstamm stießen, dachte ich, wir kentern. Ich fragte mich, ob ich mit Anfang zwanzig nicht etwas Vernünftigeres machen könnte.

In meinem westlich geprägten Verstand überschlugen sich voller Angst die Gedanken: »Was, wenn ich ins Krankenhaus muß? Wie komme ich dorthin? Warum sind diese Leute nur so zufrieden mit ihrem Leben? Ist dies hier das Paradies, das ich mir vorgestellt habe?«

Während ich noch Tausende von Ausreden dafür suchte, den Amazonas zu verlassen und in die »Zivilisation« zurückzukehren, wurde vorne im Kanu ein Mann, der eben einen Zweig beiseitegeschoben hatte, von einem Schwarm wildgewordener Bienen gestochen. Ich dachte im ersten Moment: »Wie gut, daß ich das nicht bin«, und gleich darauf empfand ich Mitleid und Sorge um den Mann, der nun litt. Die anderen Leute im Kanu lachten und verhielten sich auf eine Weise, die mir einfach unverständlich war. Ich befand mich in einer völlig anderen Kultur, wie ich sie noch nie zuvor erlebt hatte.

Ich fragte meine Reisegefährten: »Warum lacht ihr, wenn jemand leidet?« (Obwohl sie nicht alle Schamanen waren, lebten sie doch in einer schamanischen Kultur.) Sie antworteten mit einer Gegenfrage: »Ist es echtes Mitgefühl, wenn man Angst, Negativität oder Zweifel zum Ausdruck bringt?«

Sie erklärten mir, daß der Energiekörper des Mannes, der von den Bienen lebensgefährlich gestochen worden war, bereits in Angst und Schmerz versetzt war, und daß meine eigenen Ängste und Zweifel seinem Energiekörper nur noch mehr Negativität zuführten; und daß wahres Mitgefühl darin besteht, der Person zu helfen, sich von den Schmerzen zu befreien.

»Indem wir lachten, halfen wir, die Angst aus dem Körper des Mannes zu vertreiben, der bereits unter Schock stand und zu sterben drohte. Wenn alle Leute im Kanu wie du reagiert hätten, würden ihre selbstbezogenen Gedanken diese Negativität verstärkt haben, und der Mann wäre mit Sicherheit gestorben«, sagte einer meiner Begleiter.

Ich erkannte, daß außer mir alle im Kanu diese Situation in Hinblick auf Heilung gewärtigten und nicht aus der Sicht des Egos. Im Lachen war diese heilende Energie enthalten, und gleichzeitig war es ihr Ausdruck. Meine kulturelle Prägung war ganz anders. Doch von diesem Tag an stellte ich meine Ansichten über die Kultur, die die westliche Welt »primitiv« nennt, immer mehr in Frage.

Und allmählich begriff ich, daß ich nicht zum Amazonas gekommen war, um »den Regenwald zu retten« – diese Idee war ja mein ursprünglicher Beweggrund gewesen –, sondern um einen Teil von mir selbst zu retten, einen Teil, den ich schon fast vergessen hatte: mein tiefstes Sein. Das Ego ist sehr erfinderisch darin, uns mit Versuchungen von unserer wahren Bestimmung abzulenken. In der »zivilisierten« Welt kann sie jedoch von vielen sehr ehrbaren Zielen angeregt werden, zum Beispiel, »den Regenwald zu retten«. Trotz meiner großen Liebe zur Natur, einer Natur, die ich von Kindesbeinen an eingehend studiert hatte, fühlte ich mich im Wald nicht wirklich wohl. Den Regenwald zu retten bedeutete, ihn zu verstehen – und letztlich mich selbst.

Die Beziehung zum Gesetz der Natur ist der wichtigste Aspekt der schamanischen Kulturen. Für die Ayahuasceros ist die Mutter Erde, »Pachamama«, eine lebendige geistige Führerin, die in allen Aspekten des Lebens für Gleichgewicht sorgt. In westlichen Gesellschaften hingegen wird die Erde selten so gesehen, weil man von Angst beherrscht wird, auch wenn diese eigentlich eine Illusion ist. Wir suchen ständig im Außen die Mittel, um in unserem Geist, unserem Körper und unseren Gefühlen einen Einklang, die Harmonie zu finden, und vergessen dabei, daß eben diese Harmonie es ist, die schon als höchste Kraft in jedem Lebewesen wirkt. Dieser Sinn für die All-Verbundenheit ist der Urzustand des Menschen.

Ich übte jahrelang tiefe Meditation, doch niemals habe ich diese magische Beziehung zur Natur erfahren, wie sie den Menschen in sogenannten »primitiven« Gesellschaften eigen ist. Gerade für Ayahuasceros ist der Regenwald ein untrennbarer Teil ihrer selbst. Diese Wahrnehmung der Wirklichkeit verleiht den meisten schamanischen Gemeinschaften, mit denen ich lebte, eine kindliche Unschuld.

Anthropologen haben schon lange den Begriff der »Primitivität« in Frage gestellt und schließlich eingesehen, daß er nicht stimmen kann. Was soll man denn von einer »Zivilisation« halten, die sich der Gesetze der Natur nicht bewußt ist? Die Gemeinschaften der Eingeborenen sind zufrieden mit ihrem Dasein und ihrer Freiheit. Sie haben weder das Bedürfnis, einander zu schaden, noch gegeneinander oder mit der Welt, die sie bei ihrer Suche nach Glück umgibt, zu kämpfen. Auf diese Weise leben sie ein Beispiel vor, das in den Zentren der westlichen »Zivilisation«, wie New York oder London, vollständig abhanden gekommen ist.

Die Tage vergingen. Die Schamanen luden mich ein, Ayahuasca vermischt mit verschiedenen Pflanzen und anderen ganz bestimmten Speisen (wie Bananen, Maniok usw.) einzunehmen. Mein Körper verwandelte sich. Ich hatte geglaubt, ich hätte ihn gereinigt, indem ich mich gesund ernährte und ihn durch Fasten entgiftet hatte. Aber eines Tages sagte man mir zu meiner großen Überraschung, daß mein Körper verunreinigt sei, die Last der Vergangenheit trage und die Ayahuasceros es spüren könnten. Sie bereiteten übelerregende Abkochungen von Pflanzen zu, die mich sieben Tage lang immer wieder erbrechen ließen. Mein ganzer Körper wurde schwach.

Ich gewahrte jedoch auch, daß das Erbrechen nicht bloß die körperliche Ebene betraf: Auf einer anderen Ebene entledigte ich mich damit auch der Negativität meines Geistes. Durch das Erbrechen schied ich Krankheiten aus der Vergangenheit aus. Unter der Anleitung der Schamanen konnte ich Leiden nun auf neue Weise betrachten. Ich verstand, daß es aus einem Ungleichgewicht heraus entsteht und daß dieses Ungleichgewicht nicht versteckt werden darf, weil es den Schlüssel zur Heilung darstellt. Heilung besteht in einer Umwandlung von Verstand und Geist, die zu einem Verständnis führt, wie wir Ausgeglichenheit in unsere täglichen Gedanken und unsere tiefen Gefühle bringen können. Dabei wird der Körper als Tempel betrachtet, in dem der Geist wohnt.

Ich erreichte einen Zustand, in dem ich mich von meiner mentalen und emotionalen Prägung lösen konnte. Wenn ich anfangs noch viele Zweifel über die Handlungen der Eingeborenen im Wald gehegt hatte, so begann ich nun allmählich, genauso zu werden wie sie. Ich tauchte ein in den Rhythmus des Waldes.

Die Schamanen erklärten mir, daß alle Informationen, die wir brauchen, in der Tiefe unseres Seins eingeschrieben sind. Bücher sind nutzlos. Es genügt, sich diesem inneren Wissen zu öffnen.

Mit der Schwächung des Körpers einher gingen seine Reinigung und gleichzeitig die Verbindung mit dem Geist des Waldes. Es war notwendig, mich von meinem Gefühl zu lösen, vom Wesenskern des Lebens getrennt zu sein. Das Geheimnis des Daseins ist: Sobald man für etwas bereit ist, geschieht es! Die Ayahuasceros sagten mir, ich sei geboren, um Schamane zu werden, und daß sie mich einweihen wollten, wenn ich einverstanden sei.

Mein Heilungsprozeß begann mit der Reinigung meines Körpers und gipfelte in meiner Initiation.

Die Einweihung stellt eine grundlegende Dimension des Schamanentums dar. Sie hängt nicht davon ab, wie viel Zeit man mit Lernen verbringt, sondern vom Aufgeben all jener Bezugspunkte, die uns vom Wesenskern trennen. Sie führt nicht zu einem Abschluß, wie an einer Universität, sondern bringt einen Prozeß zum Vorschein. Für mich hatte dieser Prozeß in meiner frühen Kindheit mit meiner Krankheit begonnen. Später fand ich heraus, daß in schamanischen Gemeinschaften diejenigen Menschen, die zum Schamanen erwählt wurden, meist auf irgendeine Art krank waren oder eine Behinderung hatten, so wie der »verwundete Heiler« in vielen Mythen und Legenden. Damals als ich Kind war, hatte niemand eine Verbindung von Heilung und geistiger Wirklichkeit in Betracht gezogen, denn dieser ganzheitliche Ansatz körperlicher und geistigseelischer Gesundheit war aus dem Wissen »zivilisierter« Gesellschaften verschwunden. Statt dessen hatten Ärzte, Psychologen usw. eine Art »Heftpflaster-Medizin« gesucht.

Der Schamane kann nur dann mit der Arbeit als Heiler beginnen, wenn er durch das geht, was die Erfahrung von Tod und Wiedergeburt genannt wird: den Tod des Leidens und die Wiedergeburt zu einer neuen Sichtweise der Dinge, wo der Bezugspunkt nicht mehr das Ego ist, sondern der Kosmos; alles hängt mit allem zusammen. Bei meiner Einweihung verabreichte man mir Ayahuasca, und sodann erfaßte ein fürchterlicher Sturm den Wald und mich. Ich stand die größte Angst meines Lebens aus. Mein ganzer Körper löste sich auf, und ich hatte das Gefühl zu sterben. Ich rief die Götter verschiedener Religionen an, doch vergeblich. Eine große Schlange erschien und begann, mich zu verschlingen. Ich sah in ihr ein Sinnbild für die pulsierende Energie des Weltalls. Nun verließ mich die Angst vor dem Sterben. Ich hatte jeden Bezug zur Außenwelt verloren. Mein Körper war ein Teil des Weltganzen geworden. Ich empfand ein Gefühl der Einheit.

Diese Initiation veränderte meine Wahrnehmungen der Wirklichkeit vollständig. Befreit von meiner früheren Prägung, konnte mein Geist nun den Zauber und die Freude des Daseins atmen.

Sobald zwischen unserer Persönlichkeit und unserer Geist-Seele, oder dem höheren Selbst, ein Gleichgewicht hergestellt ist, verleihen uns ein Friede und eine innere Kraft die Fähigkeit, den Wesenskern von beseelten Dingen um uns herum wahrzunehmen. Diese Erfahrung brachte mich meinen Gefährten in Amazonien näher, und von da an lernte ich viel über ihre Weltsicht.

Während die Monate verstrichen, löste ich mich jedoch sehr allmählich von diesem Wissen mit seiner dualistischen Einteilung der Welt (gut/schlecht usw.). Das Klima mit seiner außerordentlichen Feuchtigkeit war ebenfalls eine Strapaze für mich, und so beschloß ich, aufzubrechen und nach La Paz in Bolivien zu gehen. Das bedeutete, den Amazonas zu verlassen und in die Anden zum Titicacasee zu reisen.

Dort begann ich zusammen mit anderen Menschen unterschiedlichster Herkunft (Indianern, Afrikanern, Spaniern und Mestizen) im Sinne der schamanischen Tradition der Quechua und Huachuma zu arbeiten. Die am häufigsten verwendete Heilpflanze in den Anden war nicht Ayahuasca sondern San Pedro, ein Kaktus, der auf sanftere Weise wirkt. Meine Erfahrungen am Amazonas hatten mir die

Kenntnis vieler Arzneikräuter verschafft, und nun durfte ich mein Wissen erweitern.

Die Lehren des Huachuma-Schamanismus, die Sie im folgenden Teil des Buches finden, beruhen auf alten Weltanschauungen, die man bis nach Ägypten zurückverfolgen kann.

Archäologen haben überdies Gegenstände gefunden, die belegen, daß die traditionellen Heilweisen der Anden mehr als 5.000 Jahre alt sind.

Ich erinnere mich daran, wie ich in Ägypten aufwuchs – einem Land, das von seiner Geschichte und vergessenen Kulturen durchdrungen ist. Ich war in die traditionelle ägyptische Gesellschaft eingebunden und besuchte die dortige Schule, die von Kindern und Lehrern wimmelte, die damit aufgewachsen waren, diese einzigartige Mischung aus uralten Bräuchen und modernem Lebensstil aufzusaugen.

Ich weiß noch, wie wir auf Schulausflügen die Pyramiden besuchten. Wir waren natürlich hingefahren, um alles über die Lebensweise in der alten ägyptischen Zivilisation zu lernen und zu verstehen, doch wirklich in Erinnerung sind mir die alten Kunstgegenstände geblieben.

Es gab reich verzierte Statuen, leinenumwickelte Mumien in eindrucksvollen Sarkophagen, Schriftrollen mit Hieroglyphen, kostbare Juwelen und Ornamente, die Abbildungen von Göttern, Vögeln, Pflanzen und Tieren und Szenen des täglichen Lebens darstellten. Da wir von der örtlichen Schule kamen, wurde uns ein flüchtiger Blick auf die Schätze gewährt, die normalerweise nur Archäologen zugänglich sind.

Diese verschütteten Bilder stürmten in Trujillo, Nordperu, wieder auf mich ein, als ich außerordentliche Ähnlichkeiten zwischen dem, was ich dort sah, und meinen Erinnerungen an Ägypten bemerkte.

Die Mythologie, die pyramidenartigen Bauwerke, die Hieroglyphen und die Tier-Darstellungen (wie z.B. Katzen), all das war erstaunlich ähnlich. Das dem Platz innewohnende Grundgefühl war dasselbe wie in meinen Kindheitserinnerungen.

All das sprach für eine tiefere Verbindung zwischen den beiden Ländern; diese Verbindung spürte ich nicht nur in den Abbildern, sondern auch in den geistigen Aspekten. Selbst in den Heilweisen, die heute noch in Peru angewandt werden, konnte ich spüren, daß die Wurzeln aus Ägypten stammten. Als ich begann, an der Oberfläche zu kratzen, entdeckte ich unter dem gegenwärtigen Mantel des Katholizismus die alten heidnischen Rituale, die einfach in katholische Symbolik gekleidet waren.

Der Huachuma-Schamanismus ist eine traditionelle Form des Heilens aus der Zeit vor den Inkas, die – vermischt mit verschiedenen religiösen Einflüssen (insbesondere dem Katholizismus) – noch immer in abgelegenen Dörfern oder Gegenden von Peru, Bolivien und Ecuador anzutreffen ist. Das tägliche Leben der Menschen in diesen Gegenden, in denen sich geheimnisvolle Tempel, heilige Plätze und Orte der Kraft befinden, ist voll von ungewöhnlichen Ereignissen wie z. B. plötzlichen Erscheinungen, Geistern oder Ufos, die als geistige Wesenheiten gesehen werden, usw. Die mit dem Huachuma-Schamanismus verbundenen Methoden des Heilens beruhen eher auf konkreten Erfahrungen als auf einer Religion, Philosophie oder alternativen Heilkunde. Sie stellen eine Lebensform dar, eine Art des Heilens, die unsere vier Dimensionen erforscht: Körper, Verstand, Gefühle und Geist.

Ich glaube, wir leben in einem Zeitalter der Zerstörung von alldem, was heilig ist. Das Herz der Mutter Erde ist schwer. Das Wasser, die Berge, die Luft, die Wälder und die Seele von *Pachamama* sind vergiftet von Mißachtung, Habgier und Überheblichkeit. Dennoch sind hie und da heilige Weisheiten im Herzen von Mutter Erde bewahrt worden. Ein Beispiel ist der Huachuma-Schamanismus, der schon seit langer Zeit für die Bewohner der Anden zum Leben dazugehört.

Nachdem ich ein Verständnis des Huachuma-Schamanismus gewonnen hatte, machte ich es mir zur Aufgabe, durch die Welt zu reisen, um das Wesentliche dieser Form des Schamanismus zu verbreiten. Ich möchte es Menschen der westlichen Welt auf einfache Weise ermöglichen, die bedeutenden Übungen, die ich in den folgenden Kapiteln darlege, in ihr tägliches Leben einzubeziehen.

Lieder

Die westliche Welt ist voller Bilder, Geräusche, Lärm, Farben und Informationen. Wir werden ständig mit allen Arten von Ablenkungen bombardiert. In traditionellen Gemeinschaften sind Töne meist ein sehr kraftvolles Ausdrucksmittel für den Wesenskern der Dinge. Für mich ist ein Kraftlied, *Icaro* genannt, die in Klang ausgedrückte Energie eines Gegenstandes, wobei die wahre Kraft in der Absicht hinter dem Klang des Liedes gegenwärtig wird.

Aus der schamanischen Perspektive ist es so: Wenn wir beginnen, auf die Zyklen unseres Körpers und der Natur zu hören, dann verstehen wir, daß die *Icaros* unmittelbar von der Mutter Erde stammen, daß Stille nicht existiert und daß Klang ein wesentlicher Teil der in allem Leben enthaltenen Energie ist. Die Bewegung der Energie erzeugt eine Schwingung, die wir manchmal als Klang hören, oft aber nicht wahrnehmen können, da die Tonhöhen jenseits unserer Hörgrenze liegen. In ähnlicher Weise sind die Anrufungen (*Icaros*) für Menschen zugleich hörbare und nicht hörbare Klänge. Das ist auch der Grund, warum der Gesang eines Schamanen sich für westliche Ohren, zumindest anfangs, merkwürdig anhört. Aber sind es nicht genaugenommen die Geräusche der »zivilisierten Welt«, die äußerst merkwürdig sind? Die Motoren der Autos, Staubsauger und Waschmaschinen, das Quietschen der Reifen, das Klingeln der Telefone und Faxgeräte, das Surren des elektrischen Stroms, das Knistern der

Glühbirnen usw., all diese gesundheitsschädigenden und verschmutzenden Geräusche, die uns ständig umgeben, ohne daß wir sie immer bewußt wahrnehmen, sind nicht nur störend, sie senken zudem die Energie des Körpers auf eine sehr niedrige Ebene herab. Wir haben uns daran gewöhnt, auf dieser tiefen Ebene zu leben, und die Schönheit der reinen und einfachen Klänge der Natur vergessen: den Gesang eines Vogels, das Pfeifen des Windes, das Tröpfeln von Wasser und die Stille der Nacht.

Durch seinen Klang kann ein *Icaro* einen Aspekt der Natur offenbaren, weil es dieselbe eindringliche Qualität hat. Angesichts der ungewöhnlichen Vorstellung, ein majestätischer Baum könne ein Lied singen, würde ein westlicher Mensch einwenden: »Ein Baum kann doch keine Geräusche von sich geben!« Wenn wir jedoch unsere Ohren für die Wirklichkeit über die tiefe Daseinsebene hinaus öffnen, hören wir, daß nicht nur der Baum, sondern alles Lebendige mit seinem Geist ein Lied singt. Der Schamane lauscht diesen Liedern und ist, unter entsprechenden Bedingungen, in der Lage, den Geist aller lebendigen Dinge aus sich heraus zu singen. Das hilft ihm, Stellen im Körper, die im Ungleichgewicht sind, von der tiefen Ebene in die Harmonie der Mutter Erde zu bewegen.

Das *Icaro* ist eine schwingende Energiebrücke für alle Wesen, die auf Mutter Erde leben. Einige Pflanzen zum Beispiel haben die Kraft, die Blutung von Wunden zu stillen. Indem der Schamane das *Icaro* dieser Pflanzen singt, nutzt er ihre Kraft, um das Blut zu stillen und die Wunde zu heilen. Auf den Osterinseln und auf Tahiti, wo ich einige Zeit mit spiritueller Arbeit zusammen mit Polynesiern verbrachte, beobachtete ich, daß die *Icaros*, die von den Alten gesungen wurden, zu Bewegungen umgewandelt worden waren, hauptsächlich der Hände. Durch die Haltung der Hände in bestimmten Stellungen war es möglich, die Symbolik des Klanges wiederzugeben und eine Veränderung in den Energiezentren der Menschen zu bewirken. In Polynesien steht die Bewegung der Hände in Beziehung zu Symbolen, ähnlich wie in Ägypten und manchen Teilen Südamerikas. Das

Symbol selbst erlangt erst seine volle Bedeutung, wenn es durch einen Schamanen aktiviert wird, genauso wie ein *Icaro* keine Kraft hat, wenn es ohne eine klare, reine Absicht gesungen wird (siehe Kapitel »Willenskraft und Absicht«). Das Ritual des *Icaro* wird oft an heiligen Plätzen durchgeführt, wo die Luft rein ist; hoch oben in den Bergen, nahe an Wasserfällen, an besonderen Flüssen oder im Schnee. Diese Plätze haben die Kraft der Luft und des Windes, und das sind zwei bedeutende Elemente im Prozeß des Loslassens und der Transformation. Oftmals führe ich an solchen heiligen Plätzen meine Heilarbeit durch.

Wenn jemand zu mir kommt und über starke Magenschmerzen klagt, kann ich meine Heilarbeit damit beginnen, das »Lied der Schlange« zu singen, während ich tief in den Bauch atme und mich mit geschlossenen Augen mit dem Geist der Schlange verbinde. Dieses Lied wird traditionell angewendet, um die Lebenskraft, die in den Energiezentren sitzt, freizusetzen. (In manchen Kulturen wird diese Lebenskraft als Kundalini bezeichnet.) Aus dem Blickwinkel der westlichen Medizin mag das Singen des Schlangenliedes zur Heilung manche überraschen und sie darin bestärken (wie es lange Zeit von Anthropologen verbreitet wurde), daß das eigentümliche Verhalten des Schamanen eine Art von Verrücktheit darstellt. Im Westen wird die Schlange im allgemeinen negativ gesehen, aber in Wirklichkeit ist der Geist negativ, der diese Vorstellung, diese Illusion, erschaffen hat. Die Schlange ist ein Teil der Natur, genauso wie wir.

Während ich das »Lied der Schlange« singe, kommt, ganz behutsam, der Geist der Schlange zu mir, wie ein Bild, und ich beginne zu fühlen, wie mein Körper sich verändert. Die Schlange bewegt sich gewissermaßen hinein in jede Zelle meines Seins. Sodann bin ich die Schlange, und ich singe einfach, als ob die Schlange in mir singen würde. Der Ton, den ich dann hervorbringe, ist umfassender als Worte; er ist der Ausdruck oder das Zeichen der Schlange. Meine Absicht ist es nicht, die Laute wiederzugeben, die eine Schlange erzeugt, sondern der Person, die geheilt wird, zu ermöglichen, vom

Zustand des Leidens zu einem Punkt zu gelangen, wo sie sehen kann, daß das Leiden selbsterschaffen ist, eine energetische Wirklichkeit, die weder im Geist noch in den Emotionen besteht. Die Schwingung des Schlangenliedes ermöglicht eine Verwandlung in meinem Inneren, die der Lebenskraft hilft, aufzusteigen und sich bis zu meinem Scheitel zu bewegen. Dasselbe geschieht mit der Person, mit der ich arbeite. Durch die Macht dieses Klanges ist es leicht, die Lebenskraft vom Punkt der Unausgeglichenheit fortzubewegen, dem Punkt, wo sich das Leiden im Körper des Betroffenen ausgeprägt hat.

Wenn ich zum Beispiel sehe, daß die Lebenskraft eines Menschen im Magen blockiert ist, er unfähig ist, sich selbst auszudrücken, und der physische Körper von Streß und Angst befallen ist, dann ist meine Absicht einfach, die Blockade (die das Ungleichgewicht an der tiefen Ebene darstellt) an eine Stelle zu bewegen, wo sie nicht mehr schadet. Ich versuche, das Leiden von der Erfahrung der Person zu trennen und die Energie zu verstehen, die diese Dynamik erzeugt hat. Die körperlichen Symptome als solche beschäftigen mich nicht so sehr wie die Gründe, die zu dieser Situation geführt haben. Beispielsweise befasse ich mich nicht mit der Wut an sich, sondern mit der Energie, die sie nährt. Die schamanische Arbeit kann die Situation nicht verändern, wenn der Patient auf der »tiefen Seinsebene« bleibt. Die Lösung besteht nicht darin, ihm ein Heilmittel zu geben, das bloß seine Schmerzen beseitigt, sondern dazu beizutragen, die Ursachen für die Erkrankung zu verändern.

Wenn die Schamanen ein *Icaro* singen, singen sie es aus der Tiefe ihres Herzens oder aus ihrem höheren Selbst. Die Absicht des Liedes entstammt nicht dem Ego, sondern kommt aus dem Herzen ihres Seins und somit von der Natur selbst. Wenn ich folglich mit dem Geist einer bestimmten Pflanze singe, um eine Medizin aus ihr herzustellen, drücke ich meine Absicht nicht in Worten aus wie: »Ich brauche diese Medizin, um eine bestimmte Krankheit zu heilen«, oder »Ich möchte eine Medizin herstellen, um diese Krankheit loszuwerden«, weil das dem Ego entspringen würde. Mit dem Herzen verstehen wir, daß der Wesenskern der Dinge zur Vollkommenheit strebt, auch wenn das, was diesen Wesenskern umgibt, nicht vollkommen ist. Das ist der Grund, warum wir, wenn wir ein Lied singen, es aus dieser Vollkommenheit heraus tun, die äußerst kräftigend wirkt. Ein Lied für eine Pflanze kann uns deshalb helfen, ein Heilmittel herzustellen.

Mit reiner Absicht sprechen wir aus dem tiefsten Winkel unseres Herzens mit dem Geist der Pflanze. Wir nähern uns ihm, indem wir auf die schönste Weise singen und den Botschaften lauschen, die von der Pflanze kommen. Wenn wir lange Zeit auf diese Weise singen, beginnen wir, uns mit dem Geist der Pflanze zu verbinden und werden eins mit ihm. Wir reisen in eine andere Dimension und verstehen die Naturgesetze, die diese Pflanze umgeben. Ihr Wesenskern kann in menschlicher Gestalt erscheinen, als anmutige Frau, die um die Pflanze herumtanzt, voller Farbenpracht und Schönheit. Diese Frau kann für uns singen und uns erklären, daß gerade heute ein guter Tag ist, um eine Kräutermedizin zuzubereiten, weil Neumond ist. Das kann die Einleitung unserer Vision sein. Je länger wir singen, desto tiefer erleben wir die Vision und den Wesenskern der Dinge.

Um das *Icaro* zu verstehen, ist es notwendig, unseren Körper zu verstehen, die Art und Weise, wie wir atmen und wie wir uns austauschen – mit der äußeren wie mit der inneren Welt. Wenn wir unseren Atem aufmerksam beobachten, werden wir bemerken, daß er genau das ausdrückt, was wir im Augenblick sind. Kraftlos und voller Selbstmitleid kann man kein *Icaro* singen, denn es ist ein Kraftlied. Sonst überträgt die Energie des Liedes das Selbstmitleid und nicht die Kraft des Ausgleichs, die in der Wirklichkeit von Mutter Erde enthalten ist. Wenn unsere Atmung flach und eingeschränkt ist, wird das Lied diese Beengung übermitteln, und es wird lediglich ein menschliches Lied sein. Eine befreite Atmung ist der erste Schritt, ein *Icaro* zu singen. Schon eine reine Absicht erlaubt unserem Atem, sich frei wie der Wind zu bewegen. Das mag einfach erscheinen, aber sich seines Atemmusters gewahrzuwerden, erfordert viele Jahre der Übung.

Im Huachuma-Schamanismus gibt es ein kleines *Icaro* für die Entgiftung der Leber. Es lautet auf den Ton »Aahh«. Auf sehr einfache Weise hilft es, den Atem zu öffnen. Wenn wir den Ton »Aahh« üben, werden wir bemerken, wie wir energetisch Gifte im Körper festhalten. Uns wird bewußt, wie die Kiefergelenke und die Anspannung rund um unser Gesicht eine Maske bilden, die das wahre »Aahh« daran hindert, sich auszudrücken. Dieses wahre »Aahh« gelangt zu uns, wenn wir manchmal ganz spontan »Aahh« sagen – ohne an irgend etwas zu denken. Das ist der richtige Weg, den einfachen Ton des *Icaros* hervorzubringen. Dieser Klang ergibt sich, wenn das Herz im Frieden mit sich ist, der Geist ausgerichtet ist und die Gefühle vollkommen ausgedrückt werden. Es ist besonders dann gut, diesen Laut anzustimmen, wenn wir einen Schreck bekommen oder fühlen, daß die Angst uns in unserem Leben zurückhält. (Wenn wir den Körper achten, ist es auch wichtig, die Leber im Körper zu achten.)

Mit dem Singen dieses *Icaros* bewegt der Ton »Aahh« die aufgestaute Energie aus der Leber heraus und hilft ihr dabei, zu entgiften. Wir sind nun in der Lage, die Blockade aus Schreck und Angst zu überwinden. Dann können wir ohne Angst leben, die Verletzung unseres Körpers beheben, und die Kraft des Kosmos, die Harmonie der Natur können wieder in diesen Bereich unseres körperlichen Seins eintreten und die Heilung langsam auf unsere mentalen und emotionalen Ebenen einwirken lassen.

Singen wir also die reine und einfache Kraft des Lebens und feiern wir seine Pflanzen, Tiere und Farben, seine Bewegung und seine Schönheit. Erfreuen wir uns am Wesenskern der Dinge in der Kraft der Lieder, die eine Brücke für uns alle (ob jung oder alt) bauen, um das wundersame Universum zu erfahren, das durch unsere Herzen singt.

Atmen

Im Huachuma-Schamanismus wird das richtige Atmen als die Quelle des Gleichgewichts im Leben angesehen. Beim Einatmen erfährt man Ausdehnung und beim Ausatmen Zusammenziehung. Zwischen dem Einatmen und Ausatmen können wir, wenn unser Bewußtsein im Einklang mit der Ausdehnung und dem Zusammenziehen des Universums und allen Lebens ist, Erleuchtung erfahren.

Wenn wir uns an unseren ersten Atemzug zurückerinnern, an den Augenblick, als wir auf die Welt kamen, können wir die in diesem Augenblick enthaltene Kraft verstehen. Wenn das Neugeborene seinen ersten Atemzug tut, tritt die Seele in seinen stofflichen Körper ein. Die Ausdehnung des Einatmens bringt es in Verbindung mit den Gefühlen und dem Verstand. Mit der Unterbrechung des Atems hört die Erfahrung der Emotionen auf. In diesem Sekundenbruchteil kann das Neugeborene »ja« oder »nein« zum Leben sagen. Wenn es »nein« sagt, findet es keinen Ausgleich mit seinem Geist. Ähnliches geschieht, wenn wir mit einem Gefühl, das uns nicht bewußt ist, einatmen. Dieses Gefühl wird mit dem nächsten Atemzug erneut hervorgerufen und so weiter… Das auf diese Weise immer mehr verstärkte Gefühl manifestiert sich dann im Körper. Dieser Vorgang setzt sich oftmals über viele Jahre fort, bis ins Erwachsenenalter. Man atmet, und sehr oft sagt man »nein« zum Leben, aber auf einer so versteckten Ebene, daß sich unser Ego dessen nicht bewußt ist.

Jeden Morgen nur zehn Minuten lang einige Techniken der vollständigen Atmung zu üben, führt zu einem Verständnis dessen, was Atmung eigentlich ist.

Wenn du nur für eine einzige Atemübung Zeit findest, würde ich dir diese sehr alte, kraftvolle Tiefatemtechnik empfehlen. Praktiziere diese Übung zwei Wochen lang, und die Ergebnisse werden für sich selbst sprechen. Danach betreibe sie, wenn du möchtest, für den Rest deines Lebens.

Am besten du übst morgens und abends an der frischen Luft.

Übung

1. Stehe oder sitze aufrecht und nimm deine unteren Rippen und dein Zwerchfell wahr. Fühle, wie deine Hände vollkommen entspannt sind. Führe nun die Kuppen von Daumen und Zeigefinger an beiden Händen zusammen und drücke sie sanft gegeneinander.

2. Atme langsam und tief durch deine Nase ein und fühle dabei, wie sich die unteren Rippen und das Zwerchfell ausdehnen und nach außen bewegen.

3. Wenn du deine Lungen und dein Zwerchfell mit so viel Luft wie möglich angefüllt hast, zwinge dich, noch mehr einzuatmen, so viel, daß sich dein Oberkörper bis zum äußersten ausdehnt.

4. Laß nun die Luft langsam durch den Mund ausströmen, halte die Lippen halb geschlossen, so daß ein windähnliches Geräusch während der gesamten Ausatmung hörbar wird.

5. Wenn du die gesamte Luft ausgeatmet hast, zieh die unteren Rippen und das Zwerchfell ein, bis du dich bis zum äußersten zusammengezogen hast.

Wiederhole diese Übung fünf- bis siebenmal täglich an einem ruhigen Ort.

Richtig zu atmen, bedeutet, »ja« zum Leben zu sagen, zu allen Aspekten von uns selbst – den guten und den schlechten. Es verleiht uns den Mut, einen Teil von uns zu erfahren, den wir sehr lange Zeit beiseitegeschoben haben. Es gibt keine »Abkürzung«, um unsere Atemmuster zu verändern oder in eine harmonische Beziehung mit der Ausdehnung und Zusammenziehung von Mutter Erde zu treten. Es erfordert einfach Übung – eine Übung, die kein Geheimnis ist, jedoch Zeit und Disziplin verlangt.

Wenn wir uns der inneren Verwandlung widmen, verändern sich unsere Vorlieben und die Art und Weise, wie wir fühlen und die Dinge sehen, genauso wie eine Schlange ihre alte Haut abstreift und die neue Haut zum Vorschein kommt. Dann erkennt man, wie sehr die Atmung mit allem verbunden ist. Flache, kurze und stoßweise Atmung ist ein Ausdruck unserer Schwächen und Ängste. Daher sollten wir uns um die Entwicklung einer volleren und tieferen Atmung bemühen. Besonders im unteren Bereich des Körpers breitet sich dann immer mehr Energie aus, und wir erfahren das Leben tiefer und strahlender. Den Verwandlungsprozeß kann man in Träumen sehen, zum Beispiel als eine Höhle im Granit (einem Stein, der Erinnerungen der Ahnen bewahrt hat). Und dann finden wir in dieser Höhle vielleicht unvermittelt eine Öffnung, die uns zu einer Schatztruhe führt, die angefüllt ist mit funkelndem Gold und glänzenden Juwelen.

Wissen kommt nicht von Begrenzungen, sondern indem wir uns von der Begrenzung befreien. Wenn unsere Atmung von Negativität vergiftet ist, kann das wahre Wissen uns nicht erreichen, weil wir uns beschränken. Durch Wut, Niedergeschlagenheit oder Traurigkeit schließen wir uns in einer selbstgeschaffenen Illusion ein, die uns von der Freude und dem Glück trennt, die der tiefste Teil unseres Wesens sind.

Einheit erreichen wir, indem wir die Begrenzungen überwinden und hinter uns lassen, anstatt sie umzuwandeln oder zu zerstören. Um über diese Begrenzungen hinauszugehen, können wir uns für einige Minuten vor einen Spiegel stellen, unsere Haltung, unsere

Lunge, den Bauch und die Schultern wahrnehmen, uns selbst, wie wir im Spiegel erscheinen. Atmen wir tief? Tief in den gegenwärtigen Augenblick hineinzuatmen, ist der einfachste Weg, das Leben und unseren Wesenskern anzunehmen. Indem wir das tun, beginnen wir »ja« zum Leben zu sagen und in unserem Körper frei zu werden.

Dieser Zustand, der uns mit dem Wesenskern aller Dinge verbindet, ist unmöglich zu erreichen, wenn wir, wie die meisten Menschen, eine oberflächliche und stoßweise Atmung haben. Das geschieht, wenn der stoffliche und feinstoffliche Körper von Furcht durchdrungen und von der Liebe, vom Fluß des Lebens abgetrennt sind. In diesem Fall ändert der Atem seinen Rhythmus und wird kurz. Auch unsere Haltung und unsere Körperenergie werden von Furcht bestimmt und haben eine Energie, die negative Situationen anzieht, auch wenn es sich nur um eine Realität handelt, die durch das Trugbild unserer Gedanken erschaffen wurde. Diese Art oberflächliches Atemmuster drückt unbewußt unsere Abkehr von der Vorstellung aus, daß das Leben vollkommen und unbegrenzt ist. Die Wirklichkeit kann dann nicht in ihrer Gänze erfahren werden.

Es ist faszinierend zu sehen, wie sich unsere Gesundheit verbessert, unser Verstand von Geistesblitzen erhellt wird und unser Herzschlag sich verlangsamt, wenn wir »ja« zum Leben sagen. Die Verlangsamung der Herzfrequenz durch die Atmung hilft uns, unser Blut mit Sauerstoff zu versorgen und unsere Muskeln und Organe zu lockern. Dies weitet unser Leben und erlaubt uns, die einfachen Dinge schätzen zu lernen. Das ist eine Quelle des Wohlbefindens und der Fröhlichkeit, im geistigen und emotionalen Bereich wie auch in den Tiefen unseres Seins.

Indem wir unserer Atmung Beachtung schenken, verstehen wir, daß die innere Verwandlung ihre Grundlage im Körper hat und daß tiefe, gelöste, vollständige und natürliche Atmung eine Verbindung mit Teilen von uns herstellt, die vom Leben getrennt sind und einen harmonischen Ausgleich mit der Kraft der Mutter Erde finden müssen. Das ist Klugheit. Wütend oder haßerfüllt zu sein, sich umzubringen oder andere für seine Probleme verantwortlich zu machen, führt zu nichts. Wir zerstören nicht nur uns selbst, wir fügen auch anderen Unbehagen und Leid zu. Indem wir den Rhythmus und die Tiefe des Atmens dauerhaft verändern, können wir unser Äußeres und unser Bewußtsein verändern. Wir können unsere Wut und unsere Angst verwandeln und aufhören, unserem Körper zu schaden, weil wir »ja« zum Leben sagen.

Wie beim Neugeborenen beginnt alles mit der Atmung. Bewußt im Jetzt zu atmen, erinnert uns daran, daß jeder Augenblick eine Erfahrung der Freiheit ist. Freiheit ist nicht mit einer Technik zu erlangen, sondern vielmehr Ausdruck dessen, was wir körperlich und gedanklich sind. Legen wir jedes Mal, wenn wir uns unseres Atems gewahr werden, unser Selbst in diesen Augenblick. Lassen wir den Körper frei. Füllen wir ihn mit einem tiefen, vollen Atemzug – und lassen wir los, los, wirklich los, und sind einfach da, gegenwärtig in jedem wundersamen Augenblick. Tiefe, langsame Atmung ist eine Atmung, die Freiheit vollkommen ausdrückt.

Willenskraft und Absicht

Die meisten Menschen werden von ihrer Willenskraft getrieben. Im allgemeinen tun wir Dinge in unserem Leben, weil unser Wille, unser Ego, eine bestimmte Logik erschafft: die Logik von: »Ich will dies«, »Ich will das«, »Wenn ich dies habe, werde ich glücklich sein; ich werde nicht mehr leiden«. Aber der Wille zeigt uns die Welt in einer Weise, die sie von dem trennt, wie sie wirklich ist. Das »Ich will«-Syndrom erzeugt Muster, die einen Teufelskreis aus Neid, Wut und Dunkelheit erzeugen können, die eine Welt aus Angst, Zweifel und Unbehagen schaffen und uns vom wahren Selbst entfernen, das verbunden ist mit Freude, Liebe und Licht. In dieser Welt sehen wir die Dinge aus einer sehr eigenwilligen Perspektive, die unseren Körper, unsere Atmung und unser Denken in einen dauernden Zustand von Streß versetzt. Wir erkennen nicht, was dieses ständige »Ich-will« eigentlich antreibt. Indem wir Gedanken hegen wie: »Wenn ich nicht arbeite, kann ich meine Miete nicht bezahlen«, oder: »Wenn ich nicht genug tue, werde ich nicht belohnt«, vergessen wir, daß das »Ich« nur eine Illusion ist und dieser Teufelskreis uns einfach niemals zufriedenstellen wird.

Die emotionale und mentale Angst, die im Körper und Denken verankert ist, mag uns absolut wirklich erscheinen, und doch ist sie nur eine Illusion, denn sie ist Teil des unwirklichen »Ichs«. Diese Sichtweise finden wir etwa in der Angst vorm Altwerden, Alleinbleiben und Sterben. Das schafft nicht nur ein beunruhigendes Gefühl des Getrenntseins, sondern fördert entscheidend das Auftreten von körperlichen und geistigen Erkrankungen, von Magersucht oder Fettleibigkeit, Asthma oder Bronchitis, Sehproblemen usw.

Im Gegensatz zu Willenskraft, die das Ego ins Spiel bringt, ist Absicht vom Herzen und unserem inneren Wesen bestimmt. Sie ist einfach ein Ausdruck der reinen Liebe, die wir für alle Dinge und alle Menschen empfinden. Sie hat keinen Bezug zur Vergangenheit oder Zukunft, sondern stellt vielmehr eine tiefe Gegenwärtigkeit zur Fülle des Lebens selbst dar. Wenn das Ego nichts zu wollen hat, gibt es keinen Streß mehr. In der reinen Absicht sind Geist, Körper und Atem frei und gelöst. Je mehr diese Absicht uns entspannt, desto mehr leben wir in der reinen Freude und Glückseligkeit, die Teil allen Lebens sind und die wir nicht außerhalb von uns suchen sollten. In Huachuma-Gemeinden lebt man das Leben mit reiner Absicht, ein Verhalten, das den Rhythmen der Natur entlehnt ist.

Wenn Schamanen ihre Heilungszeremonien abhalten, versetzen sie sich selbst in einen Zustand reiner Liebe, Freude und Glückseligkeit, und indem sie dies tun, stellen sie sicher, daß ihre Absicht rein ist. Aus diesem Raum der Liebe bringen sie Mutter Erde und allen Lebensformen Opfergaben dar und zeigen so ihre Achtung und ihre Verbindung, die sie mit allem haben, was sie umgibt. Ihre Gabe ist kein Gebet, sondern eher ein Zumausdruckbringen ihrer Absicht. Indem wir unser Sein in die gegenwärtigen Wirkkräfte des Lebens ausdehnen, entkommen wir dem Bild der Wirklichkeit, das das Ego erschaffen hat, und stärken unser Gewahrsein vom Leben, anstatt uns nach allen Dingen zu sehnen. Wir haben teil als Teil des Weltganzen anstatt aus einem Raum des Verlangens.

Die Erfahrung einer solchen Heilungszeremonie mit Worten zu beschreiben ist sehr schwierig. Damit das Leben uns helfen kann, das Bild der Wirklichkeit zu verstehen, das wir für uns erschaffen haben, müssen wir uns der Energie des Universums hingeben, statt der

Energie des »Ich-will-Egos«. Diese Arbeit erfordert am Anfang wirkliche Konzentration. Es geht darum, die Spiele des Verstandes und der Emotionen beiseitezulassen, um verbunden zu bleiben mit dem, was uns in der Zeremonie dargeboten wird, und das ist nicht einfach. Eine gute Art, gegenwärtig zu bleiben, besteht darin, entspannt zu sein und nichts anderes zu tun, als einfach daran zu denken, tief und ruhig zu atmen (auch tief auszuatmen). Je tiefer wir atmen, desto tiefer und bewußter sind wir mit dem gegenwärtigen Moment und mit allem, was uns umgibt, verbunden.

Flache, stoßweise Atmung, nur im oberen Teil der Lunge, ist der körperliche Ausdruck dafür, daß wir aus unserem Verstand und unserem Ego heraus leben. Diese Art der Atmung zeugt davon, daß wir die Dinge um uns herum gewaltsam verändern und beeinflussen wollen; daß wir das Bild verändern wollen, das wir uns von unserem Leben machen, anstatt es loszulassen und uns mit Mutter Erde und dem natürlichen Fluß des Lebens zu verbinden. Wenn wir gleichermaßen in die unteren Teile der Lunge atmen, tief in den Bauch hinein, erkennen wir unsere Gefühle. Allerdings ist das sicherlich nicht genug. Man kann nur dann wirklich mit seinen Gefühlen und Emotionen arbeiten, wenn man mit reiner Absicht atmet, die aus dem Herzen kommt und von dort ausgerichtet wird. Doch auch dann sind es nicht nur unsere Gefühle, sondern auch unser Verstand und unser körperliches Selbst, die auf einen von den harmonischen Rhythmen des Lebens inspirierten Ort ausgerichtet sein müssen. Tiefe, vollständige Atmung ist erreicht, wenn alle Bereiche der Lunge, der untere, mittlere und obere Teil, in Einklang genutzt werden. Wenn wir unsere Art zu atmen zu einer tiefen, vollständigen Atmung verändern, können wir unser Lebensmuster verändern. Das erfordert Mühe.

Das Geheimnis der Absicht liegt auch in unserer Fähigkeit, mit einem völlig entspannten Körper mit der Natur zu kommunizieren, mit vollständiger, tiefer Atmung. Dann sind wir in der Lage, Lieder zu singen, die ganz natürlich aus dem tiefsten Teil unseres Wesens kommen, und durch sie können wir uns mit den feinen Schwingungen verbinden, die im Universum gegenwärtig sind. Dies öffnet unser Herz auf natürliche Weise, und es kann sich durch heilige Klänge ausdrücken.

Die Zellen unseres Körpers tragen Erinnerungen in sich. Die Absicht muß von jeder Zelle des Körpers unterstützt werden. Wenn die Zellen Reste von disharmonischen Gefühlen und Erinnerungen enthalten, werden sie die Reinheit der Absicht verfälschen. Wenn unsere Absicht auf dem Göttlichen und auf Vollkommenheit beruht und vom Herzen her ausgerichtet ist, können alle disharmonischen Gedanken und Krankheiten verschwinden. Das vollzieht sich nur langsam und schrittweise, wenn wir tatsächlich wacher für uns werden. Aus diesem Grund kann in der Huachuma-Tradition eine Zeremonie nur von jemandem durchgeführt werden, der eine reine Absicht hat. Wenn unser Geschenk an Mutter Erde nicht eine Erweiterung unseres Selbst ist, sondern nur ein Abbild der Alltagswirklichkeit, die wir verändern möchten, wird die Zeremonie weder Magie noch Kraft haben. Wenn die Zeremonie nur mit der Kraft des Willens (des Egos) abgehalten wird, dann wird sie auf mancher Ebene eine gewisse Art von Negativität übertragen. Die Gegenwart wird nicht geachtet, weil der Verstand auf die Vergangenheit oder die Zukunft ausgerichtet ist und auf die Bilder der Wirklichkeit, die er erschaffen hat.

In der heutigen Welt herrscht der Materialismus in allen Lebensbereichen – in Politik, Wissenschaft und Medizin. Diese Beschränkung, die von Menschen selbst errichtet wurde, ist zu einer Wirklichkeit geworden, der sie sich gegenübersehen und die zu einer Herausforderung geworden ist: einem kollektiv getriebenen Willen. Der hindert die Menschen daran, die Kraft des Universums zu verstehen und zu sehen, daß der Lauf des Lebens wesentlich vielschichtiger ist, als es den Anschein hat. Für die Schamanen lebt die westliche Welt jetzt in einer Illusion, die sie selbst erschaffen hat, einer Illusion entstanden aus der Tatsache, daß die Menschen sich selbst beschränkt haben.

Im Gegensatz dazu verstärkt ein Zustand von »Nicht-Trennung« unsere Gefühle und erinnert uns an den Urzustand des Menschen und an das erstaunliche Potential, das uns allen innewohnt.

Wenn wir uns hinsetzen, seien wir uns unseres Atems bewußt, seien wir uns jeglicher disharmonischer Gedanken und Erinnerungen bewußt und seien wir uns unserer Anspannungen im Körper bewußt. Werden wir uns der Wirklichkeitsbilder gewahr, die wir geschaffen haben, und sehen wir, was geschieht, wenn dieses Bewußt-sein verändert wird und wir einen Zustand ohne jegliche Anspan-nung erreichen; einen Zustand tiefer, auf das Herz gerichteter Atmung, erfüllt von Frieden und tiefer Stille. Nehmen wir diesen Vorgang wahr und den Weg, auf dem alles, was uns unmöglich er-schien, – aufgrund der Begrenzungen, die wir fördern – sich verän-dern und möglich werden kann. Dann beginnen wir zu verstehen, was Absicht ist, und das magische Gefühl, daß alles möglich ist, *erscheint.*

Trennung

Wenn Kinder heranwachsen, verstecken sie Teile von sich. Tatsächlich beginnt im Alter von ungefähr sieben Monaten das Ego, sich im Kind niederzulassen. Die Fontanelle schließt sich. Die Zähne (Symbol des Egos) erscheinen, und ein Gefühl der Trennung stellt sich ein. Die Erwachsenen, die dieses Gefühl der Trennung verinnerlicht haben, verwickeln sich dann auf verschiedenste Weise mit der Außenwelt, etwa indem sie Autos kaufen oder nach Reichtum streben oder durch Drogenkonsum, und sie sind ständig auf der Suche nach Unterhaltung und Reizen aller Art. Für das Einssein, nach dem sie suchen, sollten sie nichts von alldem tun, denn das, was sie suchen, liegt in Wirklichkeit in ihnen und nicht außerhalb von ihnen.

Die innere Welt eines kleinen Kindes, das schrecklich schreit, um sich schlägt, beißt und auf andere Weise versucht, ungezogen und zerstörerisch zu sein, um die Aufmerksamkeit von Erwachsenen auf sein Leiden zu lenken, kann verglichen werden mit dem oben beschriebenen verwundeten Erwachsenen. Solange die Angst des Kindes vor Trennung nicht erkannt, offen angesprochen und bewußt umgewandelt wird durch die liebevolle Behandlung und das beständige Beispiel seiner Eltern, werden beide, das Kind und der Erwachsene, vor sich davonlaufen und damit Frustration und Krankheit in vielen Lebensbereichen hervorrufen.

Der Zwang, den richtigen Partner finden zu müssen, den roten Ferrari zu kaufen oder eine Menge Geld zu verdienen kommt von einer inneren Welt, die in Dunkelheit getaucht ist, aber nach dem Licht strebt. Die Energie dieser dunklen inneren Welt muß bewußt erkannt und anerkannt werden. Wenn sie weggeschlossen bleibt in der kleinen Kiste ihrer Existenz, die sie selbst aus Beschränkungen, Trennungen, Leiden und Angst gezimmert hat, wird sie sich weiter auf negative, zerstörerische Art ausdrücken.

Ich glaube, daß diese Trennung die treibende Kraft ist hinter Kriegen, hinter Familienfehden und anderen persönlichen und ehelichen Konflikten.

Wie sieht die Lösung aus? Eine Konfliktlösung muß mit der Beruhigung der eigenen inneren Konflikte beginnen, statt die äußere Welt verändern zu wollen. Heute ist es notwendiger denn je, den Grundsatz anzuerkennen, den schamanische und traditionelle Gesellschaften so hochschätzen – daß jeder Mensch und jeder lebendige Teil der Natur mit allem anderen verbunden ist und daß er stets geachtet und geehrt werden soll, so wie man einen ganz besonderen Gast ehren würde.

Die folgende einfache Übung ist ein kraftvoller Weg, uns der Liebe innezuwerden. Jeder kleine Schritt, den wir auf dem Pfad zum Einssein tun, hat eine große Wirkung auf alle, die uns umgeben, und auch wenn sie nicht gleich offenkundig ist, ist sie auf den höheren Ebenen und in den tiefsten Teilen unserer Herzen offenbar.

Übung

Suche dir einen angenehmen, ruhigen Platz, setze oder lege dich hin und sei bereit für diese Übung.

Atme tief in den Bereich deines Herzens. Atme langsam ein und aus. Wenn du ausatmest, laß deine Frustration los, all deinen Streß und Ärger. Stelle dir den Menschen vor, den du am meisten liebst, und fühle seine Gegenwart: Er kommt dir entgegen, lächelnd und mit zur Umarmung ausgebreiteten Händen.

Fühle die Liebe und die innigen Gefühle, die zwischen euch bestehen, wenn du zurücklächelst und ihn umarmst.

Beginne nun zu visualisieren, wie diese Person sich in den Menschen verwandelt, mit dem du jetzt gerne einen Konflikt lösen würdest. Sieh, wie dieser Mensch dich anlächelt, und fühle, wie du dein Herz öffnest, in der gleichen liebevollen Weise, wie du es zuvor bei dem Menschen gemacht hast, den du am meisten liebst. Erinnere dich daran, nicht in die negativen Gedanken oder Gefühle zurückzufallen, die diese Person möglicherweise in dir hervorruft. Halte statt dessen die ganze Zeit über dein Herz für die Gefühle offen, die du für die geliebte Person empfindest. Wenn es dir zu schwerfällt, kehre zu der geliebten Person zurück und dann wieder zu dem Bild der Person, mit der du den Konflikt lösen möchtest.

Du wirst überrascht sein, daß es dem Herzen ganz leichtfällt, aber der Verstand (das Ego) wird versuchen, deine Bemühungen zu hintertreiben. Sobald du es jedoch geschafft hast, diese Sabotage zu überbrücken, wird sich der betreffenden Person eine Brücke zu einer Veränderung auftun, denn du hast das Bild von dieser Person in deinem Inneren geändert.

Durch diese Übung wirst du lernen, daß die Veränderung im Inneren beginnt und die äußere Welt sich dementsprechend angleicht.

Freiheit

Schamanismus, so alt und geheimnisvoll er auch ist, kann von den westlichen Menschen wieder angewendet und im täglichen Leben praktiziert werden und kann so eine neue Lebensweise begründen, die auf uraltem Wissen beruht. Unsere Vorfahren wußten, daß Freiheit darauf gründet, sich in das Weltganze einzufügen, wo alles eins ist und wo das eine alles einschließt. Mit der raschen Aufspaltung der Welt in egogesteuerte Wünsche und Konflikte, die von einem selbstbezogenen Selbst herrühren, haben wir diesen Sinn für das Gleichgewicht verloren und laufen Gefahr, in einer eigensüchtigen Welt zu leben, die sich vom Leben entfernt. Mehr denn je ist es heute wichtig, ein Band zu knüpfen zwischen der tiefen Ausgeglichenheit der Natur, den Wesenskern des Lebens, und unseren alltäglichen Verrichtungen. In Zukunft wird dieser Ausgleich wahrscheinlich auch in der Wirtschaft, der Philosophie, in der Politik und dem allgemeinen Denken der westlichen Gesellschaften weiter verbreitet sein, weil immer mehr Menschen spirituelle Wissenszweige betreiben, die auf eine Verwirklichung dieser Harmonie ausgerichtet sind. Menschlichkeit ist immer besser als der Tod, so wie Freiheit immer besser ist als Begrenzung.

Was den Huachuma-Schamanismus so besonders macht, ist, daß er die Freiheit als Geschenk der Natur und des Kosmos an die Menschheit betrachtet. Man kann Freiheit vollkommen als Geschenk erfahren, wenn man das Leben durch das bewußte innere Selbst wahrnimmt. Bei spiritueller Arbeit geht es darum, negative Kräfte, die uns daran hindern, »ja« zum Leben zu sagen, zu verstehen und sie hinter sich zu lassen. Diese Kräfte sind eigentlich eine Manifestation von Unausgeglichenheit. Wir haben die Wahl, nach den Kräften des Ungleichgewichtes zu leben und in uns selbst und um uns herum Disharmonie zu erzeugen oder in unserem Leben ein Gleichgewicht zu schaffen, indem wir in harmonischer Beziehung mit der Natur und den kosmischen Kräften leben, denn darum geht es im Schamanismus. Das ist es, was unsere Vorfahren taten und was einige Menschen in traditionellen Gemeinschaften, mit viel weniger Ablenkung als in der modernen Welt, heute noch tun.

Wenn wir anfangen, die Ablenkungen des täglichen Lebens aufzugeben, und uns der Kräfte des Ungleichgewichts bewußt werden, die unser tiefes Selbst beeinträchtigen, dann kommen wir ganz von selbst zu der Frage: »Wie lange werden wir diesen Kräften noch erlauben, unser Gleichgewicht zu stören?« Alles ist eine Frage der Wahl und ein Ausdruck unserer Freiheit. Wenn wir eine gute Wahl treffen, können wir das, was Begrenzungen in unserem Leben verursacht, hinter uns lassen. Und wenn wir aus tiefstem Herzen verstehen, daß die Begrenzung aus einem bloßen Gedanken besteht, dann können wir diesen Gedanken nutzen – wie begrenzt er auch sei –, um unsere Absicht zu verstärken, uns der Gegenwart und nicht der Vergangenheit zuzuwenden. In unserem Körper, unserem Geist und unseren Emotionen gegenwärtig zu sein, gibt uns die Freiheit, Freude und Liebe zu erfahren. Diese Freiheit drückt das innere Selbst auf sehr schöpferische Weise aus.

Die Erfahrung von Ganzheit oder Einheit in unserem Leben ist die wahre Bedeutung der Liebe. Wir können unzufrieden sein, wenn diese Freude und Liebe uns nicht beseelt und umgibt, wenn wir fühlen, daß Gewalt, Armut, Krankheit und verwundete Seelen die Wirklichkeit ausmachen. Im Huachuma-Schamanismus sind all diese Dinge nicht Wirklichkeit, sondern Gedanken, die unsere Erfahrung erschaffen. Das Leben hat diese Dinge für uns entschieden, aber wir haben immer die Wahl zu vermeiden, von den äußeren Umständen im Inneren gestört zu werden. Wir können beispielsweise entscheiden, von Lob oder Kritik nicht berührt zu sein. Wir können die Verantwortung für unsere Handlungen übernehmen und aufhören, uns als Opfer zu sehen. Eine solche Wahl verändert alles.

Alles hat seinen Platz in der Welt, auch das Leiden. Wenn wir es als einen Teil von »allem was ist« akzeptieren, wird das Leiden zu einer Gelegenheit, uns von Negativität zu befreien. Es kann magisch umgewandelt und zu einer Erfahrung von Ganzheit oder Einheit werden. Leiden ist ein Geschenk der Natur, denn es ist das Gesetz, welches das Universum davor bewahrt, zusammenzubrechen, das Gesetz, das die Einheit des Kosmos aufrecht erhält. Dieses Gesetz des Ausgleichs erscheint überall, auch in jedem Menschen. Das Problem ist nur, daß Verstand und Ego, welche die Menschen von anderen Lebewesen unterscheiden, sie davon abhalten, dieses Gleichgewicht zu erfahren.

Wenn Verstand und Ego einen Unterschied machen und die äußere Welt von sich trennen, erschaffen sie ein Gebilde aus Gedanken und Gefühlen, die ein Glaubenssystem erzeugen. Sie reagieren dann bloß auf äußere Situationen, ohne eine Wahl treffen zu können, ohne die Freiheit, hinter die Illusion der Trennung zu schauen, die sie erschaffen haben. Gegebenheiten kommen und gehen, aber der äußere Bestimmungsfaktor bleibt bestehen und wird Tag für Tag neu bestärkt. Weil sie den Mangel an Freiheit empfinden, rennen die Menschen Dingen hinterher, die ihnen Freude bringen sollen, und erfahren doch ständig große Unzufriedenheit. Manche meinen, durch die Kontrolle von diesem oder jenem, mit mehr Geld, besserer Gesundheit, mehr Schutz vor Verletzungen und Gewalt, durch all dies würde ihr Leben fröhlicher werden. Und vielleicht stimmt das sogar für eine kurze Zeit, aber die Umstände ändern sich wieder, und um Glück zu erfahren, setzen wir unsere Suche nach Freude fort, indem wir versuchen, die äußere Welt zu verändern. Wir meinen, uns vom Leiden erlösen zu müssen, um glücklich zu sein. Aber die Verwirklichung der Wünsche bringt nicht das Glück, weil wir so dem Leben ausweichen.

Je mehr wir versuchen, die Welt, die uns umgibt, zu kontrollieren, desto weniger Freiheit haben wir. Die Unzufriedenheit ist das Ergebnis unseres Widerstands, die Wahrheit zu erkennen, und des Glaubens, daß Verstand und Ego, die Ausdruck der Trennung sind, Ganzheit und Einheit verstehen könnten. Freude und Frieden kommen jedoch aus Einheit und Ganzheit. Sie sind nicht im Außen, sondern ein unlösbarer Teil von uns und eine Erweiterung all dessen, was wir tun. Wahre Freiheit kommt aus dem Inneren, das keine Trennung kennt.

Sobald wir erkennen, daß Verstand und Ego keine befriedigenden Antworten bieten auf unserer Suche nach Glück, Liebe, Freude, Frieden oder geistiger Entwicklung und daß jeder Kampf, alles Suchen und das Warten auf etwas, das außerhalb und getrennt von uns ist, Zeitverschwendung ist, dann können wir Freiheit erfahren. Diesen Glauben loszulassen, ist wirklich magisch. Man wird ganz von selbst ruhig, und in diesem Frieden kann man mit der Ganzheit in Berührung kommen. Wie Phönix aus der Asche erhebt sich eine neue Lebenseinstellung. Eine Einsicht bildet sich in unseren Herzen. Wir können unsere Glaubenssätze neu ordnen und eine Grundlage schaffen für Freiheit und Verwandlung. Dieser Ort des Verstehens, an dem wir uns unter allen Umständen wohlfühlen, entsteht aus innerem Frieden, nicht indem wir auf etwas warten oder nach etwas suchen. Dann wird jeder Schritt, den wir ganz natürlich auf unserem Pfad tun, zum Ausdruck von Freiheit, Freude und Liebe. Wenn wir einsam sind, wird uns das nicht mehr traurig machen, denn unsere Bedürfnisse sind nicht mehr von der äußeren Welt bestimmt. Wir müssen unser Leben nicht mehr mit diesem oder jenem anfüllen.

Glück ist einfach ganz natürlich in der tiefen Erfahrung von Nicht-Getrenntsein gegenwärtig. Dann versteht man, daß es nicht mehr nötig ist, sein Leben nach Äußerlichkeiten auszurichten oder sich von der Welt abzuwenden, sich in einer Höhle zu verkriechen, wo das Leben nicht hingelangt. Ganz im Gegenteil geht es darum, tief vereint zu sein mit der Welt, das Leben in seiner ganzen Einheit zu erfahren – sich den Gegebenheiten und Umständen zu öffnen, ohne das Gleichgewicht zu verlieren, ruhig und im Frieden.

Glück in seiner reinsten Form bringt Licht und Gewahrsein in alle Schatten der Unzufriedenheit. Unser Bewußtsein bewegt sich langsam in eine Richtung, wo alles zu einem Teil von ihm und heller wird. Es ist ein allmählicher Vorgang, wo Raum und Energie in zwei Grundformen auftreten: Ausdehnung und Zusammenziehung. Im Huachuma-Schamanismus spiegelt das Gewahrsein des Atems ein grundlegendes Gesetz des Universums wider. Wir wissen, daß wir durch die Einatmung Ausdehnung erfahren und durch die Ausatmung Zusammenziehung. Doch ist es wichtig zu erkennen, daß das Universum und die gesamte Schöpfung ebenfalls Ausdehnung und Zusammenziehung erfahren. Das Gewahrsein, daß das Weltganze, die gesamte Schöpfung sich in einem fortwährenden Prozeß befinden, in den wir einbezogen sind, erfordert eine tiefe Stille in uns.

In äußerer Unausgewogenheit gefangen, leben wir im Düstern der Nacht und vergessen dabei, daß Dunkelheit und Leiden einfach Ausdruck eines unvollständigen Bandes sind, und so berauben wir uns der Freiheit, unser unbegrenztes Potential zu erkennen; berauben wir uns der Erfahrung der Freude. Aber je mehr wir unser Bewußtsein steigern durch die Vorstellung einer wechselseitigen Verbindung aller Dinge, um so tiefer erfahren wir Wohlbefinden und seelische Lebendigkeit.

Innere Arbeit mit der Absicht, sich auf die Ordnung der Dinge auszurichten, hilft, ein Gefühl des Vertrauens aufzubauen; schafft eine tiefe Achtung für sich und die Welt. Stelle dir vor, ruhig zu werden, ganz natürlich, und in dieser Stille Ganzheit zu finden. Was für ein großartiges Gefühl, sich in einer harmonischen Beziehung mit allem, was ist, zu befinden – ein Gefühl der rechten Teilhabe am Weltganzen.

Die vier Himmelsrichtungen und das Mesa

In den meisten alten und ursprünglichen Gesellschaften der Welt sind die vier Himmelsrichtungen grundlegende Wegweiser, von denen jeder eine bestimmte Einsicht in die Vielschichtigkeit des Kosmos bietet. Der Huachuma-Schamanismus sieht das Universum und die Welt, in der wir leben, als ein großes Netzwerk, dessen verschiedene Teile, obwohl getrennt, doch alle miteinander verbunden sind. Das Universum wird als Teil eines jeden Menschen betrachtet, und indem man sich umgekehrt mit ihm verbindet, kann man sich verwandeln.

Persönliche Wandlung besteht darin, die einfachen Wege aufzugeben, die Welt loszulassen, die wir geschaffen haben, um einen Zustand der Ablösung oder »Nicht-Verantwortung« zu erreichen. Verantwortung ist eine Form der Kontrolle. Um den Zustand der »Nicht-Verantwortung« zu entwickeln, gilt es, das Bedürfnis, an Dingen festzuhalten, aufzugeben, an Dingen, die uns oder die wir kontrollieren, und das beinhaltet eine große Verwandlung.

Diese Transformation bedeutet, das Leben ernstzunehmen und seine Kostbarkeit zu erkennen. Anstatt einfach das Spiel des Lebens zu spielen, mit dem diesem Spiel anhaftenden Leiden, kann man sich selbst beiseitenehmen und genauer hinsehen, warum die Dinge so sind, wie sie sind. Das allerdings geschieht erst, wenn eine Lebenslage, die dem Leben Sinn verleiht, uns berührt. Das kann eine schmerzhafte Krise sein, die unsere Existenz erschüttert, die uns aber auch hilft zu erkennen, daß es viel mehr im Leben gibt als die kleinen Welten, in denen wir leben und an denen wir uns vielleicht erfreuen.

Natürlich kann diese Erkenntnis, die das Ego zur Seite schiebt, furchtbar schmerzhaft sein. Erkenntnis erwächst oft aus Schmerz. Der erste Schritt besteht darin, hinter die Illusion zu kommen, die wir uns erschaffen haben, sie loszulassen und einen höheren Bewußtseinszustand zu erlangen. Um uns bei der Entwicklung dieses höheren Bewußtseins zu unterstützen, arbeiten die Huachuma-Schamanen mit dem *Mesa* und den vier Himmelsrichtungen.

Das *Mesa* oder Medizinrad ist ein heiliger Raum, der aus miteinander in Beziehung stehenden Sinnbildern gestaltet wird. Oft plaziert der Schamane einen Rubin oder besondere Kristalle und Steine sowie Statuen, heilige Tempelgegenstände und Amulette von Jaguaren oder anderen Tieren, um die Geistwesen von Mutter Erde zu rufen.

Er betrachtet diesen Raum als einen Altar, der uns eine klarere Ausrichtung auf die Naturgesetze schenkt, die uns helfen, in uns ein Gleichgewicht zu finden. In traditioneller Weise angewendet, erlaubt das *Mesa* eine Wandlung, die harmonisch innerhalb der Parameter der vier Kardinalpunkte vollzogen wird – die unseren Platz im Kosmos festlegen und die uns helfen, unser Bewußtsein für die wechselseitige Verbundenheit allen Lebens zu erweitern. Jede Richtung repräsentiert verschiedene Energien des Lebens, die verbunden sind mit unterschiedlichen Krafttieren, Pflanzen, Steinen und anderen der Natur innewohnenden Qualitäten.

Auch wenn jede Kultur den vier Kardinalpunkten jeweils eigene Entsprechungen zuweist, so sind ihre grundlegenden Zuordnungen universell. Überall auf der Welt haben Menschen ihr Leben und ihre Gemeinschaft nach den vier Himmelsrichtungen, dem Himmel und der Erde ausgerichtet:

Süden ist die Richtung von Aktivität, Bewegung, Hitze, Wachstum, Wind und Loslassen. Der Süden wird oft von Reptilien wie der Schlange, der Eidechse oder dem Krokodil repräsentiert.

Norden ist die Richtung des Friedens, des schwarzen Lochs, von Kälte, innerer Rückschau, der Psyche und des Wassers. Der Norden wird oft durch die Eule oder den Drachen verkörpert.

Osten ist die Richtung der aufgehenden Sonne, die Neuanfang versinnbildlicht, der Erleuchtung, der Geburt und Wiedergeburt, der Visionen, des Erwachens von Bewußtsein, des Körpers und der Erde. Oft wird der Osten durch den Kondor, den Adler oder den Falken repräsentiert.

Westen ist die Richtung des Sonnenuntergangs, des Nachdenkens, der Einkehr, der Entspannung, der Neuordnung von Dingen; Vergebung, Feuer, Tod, Licht, Einssein, Blut, Essenz, das Sein und das Herz. Oft wird der Westen durch den Jaguar, den Löwen oder den Phönix dargestellt.

Die Bedeutung der vier Kardinalpunkte ist durchaus praktisch und bildet die Grundlage, den täglichen Zyklus unserer Aktivitäten mit den Zyklen der Sonne in Übereinstimmung zu bringen und so einen Sinn für die rechte Teilhabe am Weltganzen zu fördern. Um die wichtigen Planetenbewegungen zu verfolgen, haben unsere Vorfahren Steinsetzungen in Kreisen, in Tempeln und an heiligen Orten errichtet. Heute haben wir die Möglichkeit, all diese Beziehungen wieder zu erforschen und unseren Platz im Netzwerk des Lebens zu verstehen.

Ich werde nun vertiefend die Bedeutung, die mit den Himmelsrichtungen Süden und Norden verbunden ist, beschreiben und etwas kürzer jene, die mit den Richtungen Osten und Westen in Verbindung steht. So hat jeder Leser oder jede Leserin die Gelegenheit, sich selbst zu erforschen.

Süden

Der Süden erlaubt uns, die Vergangenheit und die Energie, die mit ihr verbunden ist, loszulassen. In diese Richtung entlassen wir die Emotionen, die im Körper oft in den Lungen angesiedelt sind, entsprechend unserer Atmung. Verbunden mit dem Element Luft und dem Geist des Windes, hilft uns der Süden zu erkennen, daß all das, was wir als von Dauer betrachten, eigentlich nicht beständig ist. Der Süden ist nicht nur eine äußerliche Himmelsrichtung, er ist auch ein Teil unseres Körpers, unseres Verstandes und unserer Emotionen.

Die Art und Weise, in der wir die Welt wahrnehmen, ist häufig das Ergebnis unserer Entwicklung während der ersten achtzehn Lebensmonate. Wenn wir in der Kindheit oder später im Leben ein Trauma erlitten haben, dann wird es in dieser Himmelsrichtung gespeichert, und hier, im Süden, ist dann auch das Element Wind blockiert. Unsere Wahrnehmung der Welt ist oft durch negative oder sogar traumatische Erfahrungen geprägt worden, die uns hindern, unsere Vorstellungen von den Dingen weiterzuentwickeln. Ideen und Bilder der weltlichen Umgebung hinterlassen auch in unserem Körper einen Eindruck und verfestigen sich mit der Zeit. Ein bestimmtes Bild der Wirklichkeit, ein Trugbild, eines von vielen möglichen Bildern, bestimmt dann die Erfahrungen des Lebens und deren Interpretationen. Der Wind wird aufgehalten. Die Energie fließt nicht. Es ist aber nicht nötig, das Leiden in dieser Richtung ewig zu speichern. Wenn sich der Huachuma-Schamane an den Geist des Windes wendet, kann er ihn um Hilfe bitten, das Trauma verschwinden zu lassen. Der Wind erlaubt die Bewegung der Energie und hilft der Natur, in einer ausgeglicheneren und fließenden Weise ausgedrückt zu werden.

Für den Schamanen, der in der Richtung Süden arbeitet, ist es nicht notwendig, die Welt zu analysieren oder durch eine bestimmte Vorstellung der Realität zu verstehen. Vielmehr wird er ein *Icaro*, ein Kraftlied, singen, etwa das Lied der Schlange. Die Schlange ist ein bevorzugtes Krafttier dieser Himmelsrichtung und repräsentiert die Bewegungen der Energie. Indem sie uns hilft, das Bedürfnis nach Kontrolle aufzugeben, ermöglicht sie einen Transformationsprozeß. Indem er dieses Lied singt, übermittelt der Schamane Kraft an jenen Teil des Körpers, der mit der Schlange verbunden ist. Dabei hilft er diesem kranken Körperteil, sich in den Prozeß der Loslösung einzuschwingen. Die Auflösung der Gefühle, der errichteten Bilder, der Erinnerung und der Ideen, die im Körper gespeichert sind, ermöglichen es dem kranken Menschen, die Dinge nach und nach auf andere Weise zu betrachten. Seine Anhaftung an die alten Bilder der Wirklichkeit, die ihn eingeschränkt haben, wandelt sich zu einer Anbindung an die lebendige Natur. Die Beziehung zum Leben und zur Gegenwart ist wieder hergestellt. Mit dem Lied der Schlange bittet der Schamane Mutter Erde, an dieser Transformation mitzuwirken.

Oft kommuniziert der Schamane mit Pflanzen, die mit dem Süden verbunden sind, um zu erfahren, wie eine bestimmte Krankheit geheilt werden kann. Die Pflanzen, die zu dieser Richtung gehören, haben eine starke Beziehung zum Wind, beispielsweise Mais, dessen Lebensenergie diesem Element angehört, im Gegensatz zu Kartoffeln, deren Energie viel irdischer ist (Mais wächst aufwärts, dem Wind entgegen, die Kartoffel wächst abwärts in die Erde). Die Beobachtung der Vorgänge an den Pflanzen dieser Richtung kann uns über den Prozeß, der in uns stattfindet, Aufschluß geben und bei uns die Entwicklung von Ausgewogenheit und Harmonie unterstützen.

Manchmal verwende ich eine Blüten-Essenz, die stark dem Süden zugeordnet ist und seiner Charakteristik von Bewegung und Wachstum. Dieses bestimmte Mittel hilft uns sanft, die inneren Blockaden zu überwinden, die uns davon abhalten, mit dieser Richtung im Gleichgewicht zu sein. Auf kraftvolle und zugleich subtile Weise hilft es uns beim Loslassen. Eines Tages gab ich Tropfen von dieser überaus empfindsamen Pflanze (die sich zurückzieht, wenn sie berührt wird) einer Australierin. Diese Frau war immer sehr verschlossen gewesen, ihrer Vergangenheit und sogar der Vergangenheit ihrer eigenen Familie gegenüber. Plötzlich erinnerte sie sich, und sie begann über Dinge, derer sie sich früher nicht bewußt war, zu sprechen, was sie sehr verlegen machte. Später sagte sie zu mir, daß sie sich, während sie sich selbst sprechen hörte, fragte, ob das wirklich sie war, die gerade sprach.

Die Intelligenz der Pflanze, ihr Geist, hat dieser Frau geholfen die Himmelsrichtung Süden zu verstehen und ihre Emotionen, die über Jahre blockiert waren und viele Probleme in ihrem Leben verursacht hatten, in Bewegung zu versetzen. Die Natur dieser sehr schönen Medizin ist Bewegung.

In der Richtung Süden arbeiten wir oft mit unseren Ängsten und mit unserem Ärger. Die empfindlichsten Körperzonen sind Nase, Augen und Ohren. Blockierte Energie wird normalerweise in diesen Öffnungen zum Ausdruck gebracht. Wenn jemand an Allergien leidet, die stärker werden, wenn der Wind Pollen trägt, wenn er Probleme mit der Atmung hat, wenn er eine Brille trägt, dann folgt daraus, daß er ein Problem in Richtung Süden hat; genauer gesagt, mit dem Loslassen, und vielleicht braucht er Unterstützung bei der Behandlung des Ungleichgewichts in dieser Richtung. Wenn jemand schlecht hört oder ein Problem mit den Ohren hat, dann will er oft nicht hören, was die Wahrheit hinter dem Bild ist, das er von sich selbst gemacht hat.

In vollkommenem Gleichgewicht mit jeder Himmelsrichtung, braucht der Schamane nicht seinen Verstand oder seinen Intellekt einzusetzen. Er weiß intuitiv, wenn ein Ungleichgewicht besteht. Auf welche Weise eine Person atmet, die Bewegung der Lunge, die Verbindung zwischen ihrem Atem und der Beweglichkeit ihres Körpers, all dies ergibt eine klarere Vorstellung über ihre Krankheit und über ihr Leiden als eine rein intellektuelle Analyse.

Wenn Menschen mit einer Warze am Körper zu mir kommen und sagen, sie wären sehr glücklich, beobachte ich ihre Atmung und

bemerke, daß sie nicht harmonisch ist; daß ihr Glücklichsein ober-
flächlich ist. Sie versuchen, ein Problem zu verbergen, sich davon
fernzuhalten, und in der Folge atmen sie schlecht, nutzen sie nur den
oberen Teil der Lunge, als ob sie vermeiden wollten, sich den wahren
Gefühlen zu stellen. Die Warze ist einfach ein Ausdruck dieser
Blockade, und so gesehen ist sie ganz und gar nicht negativ. Sie ist ein
Freund, der zu der Person mit der Warze sagt: »Schau, was du tust.
Laß los und erlaube der Energie sich zu bewegen, zu fließen und sich
in deinem Magen einzufinden.« Aber weil sie sich vor dem fürchten,
was durch die Warze ausgedrückt wird (sie stellt eine schmerzliche
Ermahnung dar), und weil sie es nicht wahrhaben wollen, versuchen
sie, es im Außen zu beseitigen, was natürlich nicht möglich ist, weil,
wie der Schamane es sieht, alles in der Welt miteinander verbunden
ist.

Angst ist ein Gefühl, oder, genauer gesagt, ein Mangel an Gefühl,
das dieses Bild, das wir für die Wirklichkeit halten, immer wieder verstärkt. Sie ist eine Kraft, die uns hindert, voranzukommen, und der
wir uns noch nicht einmal gewahr sind. An diesem Prozeß zu arbeiten ist ungefähr so, wie eine Zwiebel zu schälen: Je mehr Harmonie
wir in dieser Richtung erschaffen, desto näher kommen wir unserem
Wesenskern, desto mehr Energie bewegt sich und desto weniger
Dinge gibt es, an die wir uns festklammern.

Blockaden der Richtung Süden sind im ersten Chakra angesiedelt, wo gerne Angst und Groll sitzen. Erst wenn wir loslassen, kann
diese Energie aufsteigen. Und wenn wir das negative Bild auflösen,
das unsere Wirklichkeit bildet, dann können wir die Welt so sehen,
wie sie ist. Selbst unsere Träume beginnen, sich zu verändern. Sobald
wir das Leben ohne Angst und Groll annehmen, verwandeln sich die
dunklen Farben, die oft in Träumen auftreten, in hellere Farben.

Indem wir mit den »Monstern« unserer Träume Freundschaft
schließen, erkennen wir, daß sie eigentlich »Freunde« sind. Das ist der
Grund, warum in Tempeln oft die Darstellungen von Ungeheuern
(welche natürlich in Wirklichkeit nur Aspekte unseres Selbst sind,

die wir noch nicht anerkannt haben) verehrt werden. Anstatt sie zurückzuweisen, betrachtet der Schamane sie als wichtig, um die verborgenen Dimensionen in uns zu verstehen. In alten Tempeln sieht man oft Schlangen in Verbindung mit unseren Vorfahren, in granitähnliche Felsen gemeißelt, denn sie haben die Kraft, feine Energieinformationen zu speichern. (Granit ist sehr dicht und schwer.) Wenn wir achtsam sind, verstehen wir, daß diese Spuren unserer Vorfahren Bestandteile unserer Evolution sind.

In der Himmelsrichtung Süden haben wir zwei Möglichkeiten: weiterzugehen oder die Welt durch ein negatives Bild zu interpretieren, was bedeutet, sich in die dunkleren, stagnierenden Teile von uns zurückzuentwickeln. Weiterzugehen erfordert Mut, an dem es uns oft mangelt, wenn wir in Angst leben.

Wenn unsere Vorfahren oder unsere Familien in einer Welt oder einer Kultur der Angst gelebt haben, kann es schwierig werden, sich der Angst zu stellen und vorwärtszugehen.

In dieser Himmelsrichtung müssen wir nicht nur unsere eigenen seelischen Ängste auflösen, sondern auch die unserer Kulturen und Vorfahren. Die Energie dieser Ängste befindet sich im hinteren Teil des Gehirns, in jenem Teil, der als »Reptiliengehirn« oder »Stammhirn« bekannt ist. Harmonische Absicht, also das Gegenteil von Angst, fördert die Kraft des Windes, der Freiheit und der Bewegung, und durch die Atmung können wir dies in uns erfahren. Wie ich bereits erwähnt habe, ist Absicht ein Zustand der »Nicht-Verantwortung« oder der »Nicht-Anhaftung«; ein Ort tiefer Loslösung, wo wir dem Wesenskern des Lebens erlauben, ein wirkliches Bild zu schaffen, das nicht von Angst hervorgerufen wurde.

Wahrscheinlich ist der Süden die Richtung, in die viele Menschen der westlichen Welt am meisten arbeiten müssen, denn sie sind in ihrem Verhalten an Zwangsmuster gewöhnt (Zigaretten, Alkohol, Drogen usw.). Wir brauchen uns nur umzusehen, um zu erkennen, daß die meisten Menschen, da sie vom Reptilhirn gesteuert werden, im Materialismus feststecken. Diese Abhängigkeit entspringt großteils dem menschlichen Glauben an die eigene Macht, die über die Macht der Schöpfung gestellt wird.

Während sie an Wünschen und Begierden festkleben, wird ihr Ego-Selbst ein Sklave des Materialismus, was ihre Verbindung zur Natur, dem grundlegenden Element des Lebens, schwächt. Zigaretten, Alkohol, Geld, Familie oder sonst etwas sind lediglich ein Ausdruck der Wirklichkeit, in der wir leben; einer Wirklichkeit, wo die Begrenzungen durch das Ego geschaffen werden, das hoffnungslos danach sucht, in Beziehung zu irgend etwas zu treten. Wenn wir in Richtung Süden arbeiten, erkennen wir, daß das Ego letztlich keine Macht hat und daß unser Leben von der Abwesenheit jeglicher Verbindung gekennzeichnet ist. Die wirkliche Macht bekommen wir aus einer ausgewogenen Beziehung mit uns selbst und mit allem, was uns umgibt. Diese alten Muster, die unsere Begrenzung erschaffen, loszulassen, erhöht unausweichlich die Kraft unseres Körpers, unseres Verstandes und unserer Seele.

Die Schamanen bitten Mutter Erde um Hilfe, um sich von dem »Ich kann nicht« und seiner Welt der Einschränkung zu lösen. Die Schlange, die als Symbol für die Lebensenergie gesehen wird, ist ebenfalls ein willkommener guter Freund. Wenn ich das Lied der Schlange singe, rufe ich die Kraft diese Tieres an, um an diesen Einschränkungen des »Ich kann nicht« zu arbeiten. Ich begebe mich jenseits des Lieds der Schlange und lausche auf die Schwingung des »Ich kann nicht« – auf all die Spitzfindigkeiten, die das Selbst schafft, um sein Dasein zu rechtfertigen. Wenn diese offenbar werden, kann ich die Schwingung in ein »Ich kann« verwandeln. Das ermöglicht, die Gedankenstruktur und all jene Teile von Körper und Geist zu verändern, die diese Blockaden geschaffen haben.

Es ist bemerkenswert, wenn die Menschen beginnen sich sehr schwer und müde zu fühlen, wenn ein Teil von ihnen sagt: »Ich verändere lieber nichts, es ist zu schwierig«, daß die spirituelle Meisterschaft des Schamanen wesentlich ist. Von einer Bewußtseinsebene zur nächsten zu gehen, erfordert eine Menge an Energie. Deshalb lenkt der Schamane die Fülle der Energie von Mutter Erde in einen Transformationsprozeß, um eine gesündere und höhere Bewußtseinsebene zu erreichen. Frei und ohne Begrenzungen bewegt man sich dem Licht entgegen.

Dieser Transformationsprozeß muß in der Wirklichkeit verankert werden. Da, wo eine Situation noch Reste der alten Begrenzungen in sich trägt, kann das Ego wieder erscheinen. Dann fängt man wieder an, negativ zu denken: »Habe ich mich wirklich verändert?« – »Kann ich mich denn ändern?« – »Ist alles nur Einbildung?« Unsere Wirklichkeit ist dann voller Zweifel, mit Vorstellungen wie: »Ich kann nicht«, »Ich zweifle«, »Ich brauche mehr Beweise« usw. Diese Zweifel verringern die Energie im Wurzelchakra, und das wiederum kann zu unzähligen Problemen in unserem Leben führen. Doch auch, wenn es uns nicht voll bewußt ist, haben wir uns auf eine höhere Bewußtseinsebene zubewegt, auch wenn der Zweifel in unserem Geist uns das Gefühl gibt, in unseren Begrenzungen gefangen zu sein.

Das Lied der Schlange hat den am schwersten zugänglichen Teil unseres Verstandes, das Reptiliengehirn, erreicht, und es hat zur Entstehung eines inneren Prozesses geführt, der die Kraft der Energie vom Wurzelchakra hin zum Solarplexus lenkt, einem wichtigen Bereich des Loslassens.

Wie arbeitet der Schamane, um die Zweifel in ein besseres Verständnis im Alltag von »Ich kann« und »Ich verwirkliche« umzuwandeln? Was macht er, um die Gewohnheiten des Verstandes, des Körpers und der Gefühle zu durchbrechen, die Ausdruck der Begrenztheit sind?

Er stellt sich dem Zweifel und arbeitet mit ihm auf der Ebene, wo Leiden und Zweifel sind. Dann entfernt er symbolisch Zweifel und Leiden aus dem Solarplexus, indem er diese Dynamik, nicht nur auf emotionaler, sondern auch auf jener fundamentalen Ebene, welche die allgemeine Vision oder die Wahrnehmung des Lebens schafft, an die Oberfläche bringt. Dann kann die Person die Tricks des Verstandes auf eine symbolische, aber wundervoll klare Weise verstehen.

Auf dieser Stufe wird das *Mesa* sehr wichtig. Meist wird der Schamane ein unsichtbares Schwert aus dem *Mesa* mitnehmen, welches die Verwandlung des Trickspielers in einen Krieger versinnbildlicht. Mit dem Schwert trennt er die Energie ab, die den Zweifel nährt. Danach kann er verschiedene andere Schwerter nehmen, von denen jedes einen tieferen Aspekt der Loslösung darstellt. Auf symbolische Art wird der Schamane zum »Trickbetrüger des Verstandes«, wodurch die blockierte Situation zutagetritt. Er wird zum Krieger, um die Zweifel des Menschen, mit dem er arbeitet, zu transformieren, damit er die existentielle Wirklichkeit findet, sein tiefes Selbst, ein freies Selbst, voll Gesundheit und unbelastet von den alten zerstörerischen Programmierungen.

Berücksichtige, daß der Schamane möglicherweise, wenn es für diese Arbeit erforderlich ist, ein bestimmtes Lied singt, insbesondere für die im *Mesa* plazierten Gegenstände, um deren Kraft anzurufen. Dann ehrt der Schamane in besonderer Weise den Teil des Körpers des Menschen, mit dem er arbeitet, indem er dem *Mesa* ein Geschenk in Richtung Süden darbringt. Das Geschenk an Mutter Erde kann Mais sein, Tabak oder jede Pflanze, die in der Kultur als heilig betrachtet wird, um die Harmonie und das Gleichgewicht von Mutter Erde in diese neue Situation einzuleiten. Was der Schamane tun kann, kann jeder von uns tun, aber oft ziehen wir es vor, es nicht zu tun, oder wir wissen nicht, wie es geht.

Es mag interessant sein, sich zu erinnern, daß die Zeit, in der unsere Zähne erscheinen, – üblicherweise im Alter von sechs oder sieben Monaten – die Zeit ist, in der unser Reptiliengehirn die Energiezentren des Körpers aufweckt und das Ego auftritt. Während der zwölf folgenden Monate entwickelt sich das Gehirn sehr schnell. Wir beginnen, grundlegende Vorstellungen über die Welt auszubilden, und entsprechend entwickeln sich unsere Energiezentren (oder Chakren). Wenn man während dieser achtzehn Monate Trennung und Abgrenzung erfährt, entsteht daraus eine Grundhaltung, eine energetische Realität, die im Reptiliengehirn weiterlebt und so zu der natürlichen Art wird, wie wir die Dinge wahrnehmen. Diese Art der Wahrnehmung beeinträchtigt dann jeden Muskel und jede Zelle des Gesichts. Sie ist vor allem in den Augen, den Ohren, der Nase und auch in den Zähnen zu bemerken.

Im Prozeß der Wiedereinbindung und der Transformation verändern wir uns nicht nur auf der emotionalen und spirituellen, sondern auch auf der körperlichen Ebene. Diese Veränderungen werden an der Struktur der Zähne – sie werden stärker, weißer – und am Zahnfleisch sehr augenscheinlich, wenngleich die Zähne im allgemeinen den Aspekt unseres stofflichen Körpers darstellen, der sich zuletzt ändert, da sie unmittelbar mit dem Reptiliengehirn verbunden sind. Die Zähne bilden in einer festen Struktur aus, was das Reptiliengehirn an Energie- und Bewegungsmustern formt. Aus diesem Grund wird überall auf der Welt, wenn Kinder im Alter von etwa sieben Jahren ihre Milchzähne verlieren, ein Ritual gefeiert. Danach wird die Wirklichkeit anders wahrgenommen, der Verlust der Milchzähne markiert den Eintritt in eine andere Realität. Die magische Dimension der Zähne ist überall sehr wichtig. Der Schamane kann daher in dem *Mesa* Jaguarzähne als Sinnbild für Verwandlung verwenden.

Norden

Der Norden ist die Himmelsrichtung des kraftvollen Magnetismus. In dieser Richtung sind wir körperlich, aber auch seelisch mit den Dingen verbunden. Jeder Gedanke, jede Handlung, jedes Gefühl äußert sich psychisch auf eine Weise, die alle Lebewesen wahrnehmen können. Säuglinge und allgemein Kinder unter fünf Jahren sind besonders verletzlich, weil sie in der Lage sind, diese Erscheinungen zu sehen oder zu fühlen und als wirklich zu sehen. In manchen Gegenden Südamerikas wird das Neugeborene mit besonderem Wasser gewaschen, um es vor solchen Erscheinungen zu schützen, vornehmlich zu bestimmten Mondphasen. Ebenfalls in dieser Himmelsrichtung können wir mit Geistern und Elfen in der Umgebung von Pflanzen und Bäumen kommunizieren.

Säuglinge im Alter von weniger als achtzehn Monaten saugen wie ein Schwamm alles auf, was sie umgibt, und das hat eine Wirkung auf die Energiezentren ihres Körpers. Wenn sich die Fontanelle schließt, werden der physische und der psychische Körper individueller und stärker. Die Hirnanhangdrüse und die Zirbeldrüse senden spezifische Botschaften an das Drüsensystem im Körper. Die Energie der Drüsen erwacht, besonders in der Schilddrüse (die mit Ausgeglichenheit, Kommunikation und dem Immunsystem in Beziehung steht). Dies schützt das Kleinkind vor seelischen Ablagerungen (Zorn, unterdrückten Gefühlen usw.). Diese Drüse ist stark mit dem Element Wasser verbunden (das ebenfalls dem Norden angehört), mit Flüssen und allem natürlich fließendem Wasser. Sie hilft uns dabei, uns an die kraftvollen Zyklen des Mondes, der Gezeiten und an die biologischen Rhythmen des Körpers (wie Schlafen und Wachen) anzuschließen, die unsere Sinneswahrnehmungen, unsere Emotionen und unsere Seele leiten.

Wenn der Schamane in der Himmelsrichtung Norden arbeitet, beobachtet er die Sterne und die Jahreszeiten und deutet die natürlichen Zeichen am Himmel, die ihn bei seiner Arbeit leiten. Einige Tiere wie Eulen, Wölfe, Frösche, Schildkröten und Delphine helfen uns bei unserer Verbindung zu Wasser und Mond. Die Schildkröte wird oft als ein Tier angesehen, das übersinnliches Wissen repräsentiert und unserem unbewußten Selbst erlaubt, aus der Tiefe aufzutauchen. Wenn man mit der Psyche oder dem Astralkörper arbeitet, können uns diese Tiere helfen, uns mit den natürlichen Zyklen zu verbinden. Durch diese Zyklen erkennen wir, daß alles (Mondenergie, Tierenergie, der Wolf, die Eule usw.) elektrisch geladen ist und unsere Hirnanhangdrüse und Zirbeldrüse direkt beeinflußt. Wenn die Energien, die uns mit Leben erfüllen, mit den Zyklen der Natur im Einklang sind, dann produzieren diese Drüsen ein besonderes

Fluidum, das zur Schilddrüse hinabfließt, dorthin, wo unser psychischer Körper geschützt wird. Wenn nicht, vermindern und verlangsamen negative Energien die Funktionen der Drüsen. Ich glaube, daß diese Energien überall hinfließen, da jeder Gedanke, jede Handlung und jedes Gefühl eine übersinnliche Erscheinungsform hat, die von jedem Menschen aufgenommen werden kann.

Kleinkinder regen die Funktion ihrer Hirnanhangdrüse und ihrer Zirbeldrüse auf natürliche Weise an, indem sie mit ihrer Zungenspitze den oberen Teil des Gaumens berühren. Dieser Instinkt hilft ihnen, mit Angst und Schmerz, Streß, Unbehagen usw. umzugehen und damit fertigzuwerden. Wir können das auch, indem wir ein *Icaro* singen, »Das Lied vom Mond«. Die Zungenspitze berührt dabei den höchsten Punkt des Gaumens und erzeugt dabei einen bestimmten Ton; eine Vibration, die das Fluidum von der Hirnanhangdrüse zur Schilddrüse hinabfließen läßt. Dieses Kraftlied stammt vom Amazonas und lautet:

Ripi ripi ripi ripi ripi ripi ripi eia iah

Die Kraft dieses *Icaros* liegt weniger im Ton selbst als im Wechsel der Vibration, die im oberen Teil des Kopfes, im Neokortex, dem jüngsten Teil der Großhirnrinde, stattfindet. Wir sind in der Lage, diese Schwingung zu verändern, so daß sie sich an die Vibration des Mondes angleicht: Der Geist des Mondes wird dann in gewissem Maße ein Teil von uns. Das hilft uns, unsere Seele auf eine Weise zu öffnen, wie es mit intellektueller Logik unmöglich wäre. Bei Vollmond, wenn die Hirnanhangdrüse und die Zirbeldrüse aktiver sind, enthüllt das Unterbewußtsein, indem es an die Oberfläche steigt, verborgene seelische Ablagerungen. Das ist eine der besten Zeiten, um dieses *Icaro* zu singen.

Die Zyklen des Mondes beeinflussen das Wasser sehr stark, nicht nur die Gezeiten, auch in den Pflanzen und unserem Körper. Wenn der Schamane in der Natur mit der Kraft der Himmelsrichtung Norden arbeitet, wird er heiliges Wasser vergießen, das mit

Blüten angereichert wurde, die von unterschiedlichen Gegenden der Berge stammen (von denen man weiß, daß sie mit kraftvollem Magnetismus geladen sind), oder er wird es über Steine gießen, die zeremoniell in dem *Mesa* plaziert wurden. Dann wird er einige *Icaros* singen, um die Kraft dieser Steine zu verstärken. Er könnte Kristalle verwenden, die in Südamerika als reine Wasserkristalle bekannt sind und die dieselbe Wirkungsweise wie heiliges Wasser haben. Diese Kristalle sind besonders kraftvoll, wenn sie bei Vollmond gesetzt werden.

Wasser wird von Schamanen als eine Manifestation der übersinnlichen Einflüsse angesehen. In Zeiten besonderer seelischer Unausgeglichenheit geht der Schamane an besondere Plätze hoch in den Bergen oder zu Thermalquellen, um in dem natürlichen Wasser zu baden und die ihn umgebende seelische Energie zu reinigen und auch um mit den harmonischen Zyklen der Natur ins Gleichgewicht zu kommen.

Im Huachama-Schamanismus wird Thermalwasser als etwas sehr Heiliges betrachtet, weil es voll von negativen Ionen und positiven elektromagnetischen Schwingungen ist, Qualitäten, die helfen, die Hirnanhangdrüse und die Zirbeldrüse unmittelbar unter den Einfluß des Mondes und der Sonne zu stellen. Genau aus diesem Grund befinden sich südamerikanische Tempel oftmals nahe an Thermalquellen.

In den Anden gibt es einen alten Brauch, wonach alle Mitglieder eines Dorfes (Männer, Frauen, alte und junge Leute) an einem besonderen Tag des Jahres auf einen von ihnen verehrten Berg gehen, um ein wenig Eis oder heiligen Schnee zu sammeln. Danach bringen sie alles zurück ins Dorf und vollführen ein besonderes Ritual, um das feinstoffliche Umfeld des Dorfes zu reinigen. Dieses Ereignis findet bei Vollmond statt und wird von Liedern begleitet. Den Dorfbewohnern dient das Ritual, um sich der Lasten der Vergangenheit zu entledigen (indem sie körperlich und auch in übertragenem Sinne zum Berggipfel hinaufsteigen, dem reinsten Ort auf Mutter Erde) und anschließend das Dorf mit der positiven Energie, die in dem Eis und Schnee enthalten ist, zu reinigen, wenn sie zurückkehren.

Die eingeborene Bevölkerung von Südamerika, die noch mehr im Gleichgewicht ist mit den feinen Veränderungen und Zyklen, die sich um sie vollziehen, wie Vollmond, feiern besondere Feste, um die feinstofflichen Einflüsse in der Gemeinschaft zu harmonisieren. Im Gegensatz dazu werden im Westen diese Veränderungen und Zyklen oft als Zeiten angesehen, in denen Menschen und ihr Verhalten leicht auf negative Art und Weise beeinflußt werden, was zu einem Anstieg von Psychosen, Bränden, ungewöhnlichen Unfällen und anderen derartigen Ereignissen führt.

Statistiken belegen, in welchem Ausmaß der Vollmond Menschen beeinflußt: Viele fühlen sich krank, sind ängstlicher oder paranoider und/oder zeigen zwanghafte Verhaltensweisen. In dieser Zeit, wenn das Unbewußte mit seinen verborgenen seelischen Altlasten an die Oberfläche drängt, treten, bis sie wohlwollend angenommen worden sind, auch vermehrt Konflikte auf.

Der Schamane sieht Energie als etwas, das ständig in Bewegung ist. Er versteht, daß sie nicht angehalten werden kann, sondern stets in Bewegung bleiben muß in Zyklen und in Übereinstimmung mit dem Rhythmus der Natur. Krankheit wird als Ausdruck der reinen, guten Energie gesehen, die blockiert ist. Sie (die Krankheit) drückt die Lebenskraft aus, die eine ungesunde Blockade lösen will. Anstatt die Krankheit zu bekämpfen, ihr Vorhandensein zu unterdrücken, bemüht sich der Schamane, den Körper in die Lage zu versetzen, mit der Krankheit fertigzuwerden. Wenn die Krankheit am stofflichen Körper erscheint, verlangsamt sich der Energieprozeß in seiner grundlegenden Form, in der Materie. Dennoch stellt die Krankheit nicht nur ein körperliches Problem dar, sie hat auch einen seelischen Ursprung.

Der Schamane wird Mut und Kraft in diese Situation einbringen, um tiefer in den stattfindenden Energieprozeß einzudringen. Ein

Medikament zu verabreichen, das diesen Prozeß noch mehr dämpft oder ihn von der materiellen Ebene entfernt – was ja das Ergebnis der meisten das Symptom bekämpfenden Medikamente ist, welche nicht die Ursache behandeln – bedeutet gleichsam, das Problem hinauszuschieben, um es später zu lösen. Um das Problem auf der seelischen Ebene zu lösen, wird die Heilung des Schamanen im Gegenteil den Energieprozeß beschleunigen und verstärken, im allgemeinen mit der Hilfe der natürlichen Rhythmen des Mondes und des Wassers.

Wenn eine seelische Unausgewogenheit nicht bearbeitet wird und auf der seelischen Ebene gar nicht erkannt wird, dann materialisiert sie sich in körperlicher Gestalt an einer Stelle, die bisher gesund war. Der kraftvolle Magnetismus der Himmelsrichtung Norden hilft uns, hinter dieses seelische Ungleichgewicht und die alten Belastungen zu gelangen, die den stofflichen Körper beinträchtigen.

Osten

Wenn wir mit der Himmelsrichtung Osten arbeiten, lernen wir, uns vollständiger mit der Erde und ihren Gesetzen zu verbinden. Wir lernen, wie wir uns innerlich nähren, wie wir mit uns im Frieden sind, und tatsächlich in einer tiefen Beziehung zur Erde und ihren Wesen, besonders der Pflanzenwelt zu sein. Die majestätischen Bäume sind eine wunderschöne Manifestation des reinen Lichts, zu dem sie sich erheben.

Der Osten ist ein schöpferischer Vorgang der Durchdringung, in welchem die Gegensätze (Yin/Yang, schwarz/weiß usw.) vereint sind, um eine neue lebensbejahende Stufe zu schaffen. Auch auf der emotionalen und spirituellen Ebene geht die Sonne im Osten auf und bringt an jedem neuen Tag nach den Stunden der Dunkelheit das Licht hervor.

Die schamanische Arbeit in der Himmelsrichtung Osten erfolgt sehr oft am stofflichen Körper, der mittels Pflanzen und Kräutern entgiftet wird. Das Erbrechen, das von diesen Pflanzen ausgelöst wird, ermöglicht die Reinigung des physischen, emotionalen und spirituellen Körpers und löst die Bindungen, die sie an ihr Karma und an die stoffliche Macht der Welt fesseln.

Zum Beispiel, wenn der Schamane mit jemandem arbeitet, der an Krebs leidet, wird er sich hinter die stoffliche Ebene oder die äußere Erscheinungsform des Krebses begeben und diese Krankheit von einem spirituellen Standpunkt aus betrachten. Anstatt sie als etwas Schlechtes zu begreifen, wovor man sich fürchtet, wird er sie als formenden Teil der Ganzheit betrachten, die zu erkennen wichtig ist. Er könnte ein *Icaro* singen, das den Geist des Adlers anruft, und während er mit seiner Hilfe arbeitet, wird er die Seite des Krebses erkennen, die in der normalen Wirklichkeit schwer zu fassen ist und an der auf der emotionalen Ebene gearbeitet werden muß.

Der Adler, der Kondor und andere Greifvögel – Geschöpfe, die mit dem Osten verbunden sind – sind sehr gute Freunde in dieser Himmelsrichtung. Der Schamane ruft diese Tiere wach, um sie zu bitten, so fliegen zu können wie sie, über die Hindernisse des irdischen Daseins hinweg, um die Dinge aus einer höheren und grundlegend anderen Perspektive zu sehen. Indem er über den stofflichen Körper hinausgelangt, kann er die Krankheit erfahren, oder, genauer gesagt, mit dem Geist dieser Krankheit kommunizieren, um von ihr zu lernen.

Um die Übergänge, die mit den Bewußtseinsveränderungen einhergehen, zu erleichtern, verwenden die Schamanen am Amazonas auch eine Pflanze namens *Ayahuasca*.

Das Wort *Ayahuasca* stammt aus der Sprache der Quechua. *Aya* ist die Schwingung, die die Leber und den Solarplexus beeinflußt und hilft, sie zu öffnen. Sie bedeutet auch Tod, im Sinne von Tod und Wiedergeburt. Der Klang *aya* bedeutet loslassen oder sich trennen von Dingen, die einen gefangenhalten, um ein neues Leben zu eröffnen, in welchem man anders an die Dinge herangeht. *Huasca* ist der Pfad, der uns weiter führt (es ist auch die Bezeichnung für Weinrebe).

In den Anden verwenden die Schamanen andere heilige Pflanzen, die Huachuama genannt werden und dem Schamanismus den Namen gaben, von dem hier die Rede ist. *Huachuma* besteht aus zwei Worten: *Hu* bedeutet »Seele« und *Achuma* bezeichnet, was eintritt, wenn diese Pflanze eingenommen wird, nämlich der »Schöpfung näherkommen«. Der erste Laut von *Achuma* ist wieder das *Ahhh,* das den Solarplexus und die Leber gleichermaßen für den Geist öffnet.

Der *San Pedro* genannte Kaktus, der in Begleitung eines Führers in Zeremonien verwendet wird, hilft ebenfalls, mit bestimmten Aspekten in der Seele und des Selbst klarzukommen. Als Abkochung getrunken, stellt er seine Kraft und Intelligenz zur Verfügung, um Menschen bei der Arbeit an bestimmten Seiten in ihrem Inneren zu helfen. Die wohltuende und nährende Natur der Welt der Kräuter und Bäume offenbart sich all jenen, die dieser ihr Herz öffnen. Die Pflanzen helfen dem Solarplexus, sich mit den Elementen zu verbinden, die viel lichter und höher sind als die seelischen Rückstände und Gifte, die im allgemeinen unser Leben beeinflussen, und sie lehren uns, wie wir uns vollständiger und harmonischer mit Mutter Erde verbinden können.

Eine Anzahl von bestimmten Körperübungen (siehe Kapitel »Energetische Körperstellungen«) sind mit der Himmelsrichtung Osten verknüpft. Sie helfen uns, Krankheiten loszulassen und uns wieder mit der Mutter Erde zu verbinden. Diese sehr alten Übungen sind Energiebewegungen und dem Yoga ähnlich. Sie öffnen den Solarplexus und arbeiten ganz sanft und fein an den inneren Organen wie der Leber und den Nieren, um harmonischere und gesündere Schwingungen aufzubauen. Im Norden Perus werden sie oft im Osten der Tempel dargestellt. Diese Haltungen mögen einem fremd und verdreht erscheinen, aber wenn sie praktiziert werden, öffnen sie den Körper für eine unglaubliche Energie, derer sich die meisten von uns gar nicht gewärtig sind. In bestimmten Teilen Perus vergraben sich die Menschen, die diese Übungen praktiziert haben, oft für einige Stunden in schlammiger, schiefertonhaltiger Erde. So wird ihre Haut gereinigt, und sowohl Gifte als auch Negativität, die in ihrem Körper eingeschlossen sind, können körperlich und in übertragendem Sinn von Mutter Erde aufgenommen werden.

Westen

Mit dieser Richtung zu arbeiten, ist wahrscheinlich am schwersten, weil es die Himmelsrichtung von Tod und Wiedergeburt ist. Im Westen lernen wir zu verstehen, daß Angst und Tod keine Hindernisse sind, sondern vielmehr Übergänge hin zu verschiedenen Wahrnehmungsebenen der Welt. Diese Richtung wird oft mit Unterstützung des Jaguars oder des Löwen besser verstanden. Der Löwe hat einen Symbolcharakter, der für unsere Vorfahren immer wichtig gewesen ist. Wie alle Mitglieder der Katzenfamilie, hat auch er eine mysteriöse Dimension. Im alten Ägypten stellte der Löwe die Lebenskraft der Sonne dar, dessen seelischer Aspekt unter dem Namen *Ra* bekannt war. Er wurde nicht nur wegen seiner großen körperlichen Kraft gefürchtet, sondern man sah in ihm auch das Sinnbild des Botschafters des Todes und des Lebens danach. Wenn er brüllt, hallt der Tod nach. Selbst wenn wir keine direkte Verbindung zur alten ägyptischen Kultur oder zum Löwen haben, behält die Kraft dieses Symbols in unserem Unterbewußtsein die gleiche Tiefe. In europäischen Kulturen nehmen Katzen diese Stelle ein und werden oft gefürchtet und mit Hexen in Beziehung gesetzt, ebenfalls wegen der Kraft, der Unberechenbarkeit und des übernatürlichen Wissens, das man mit ihnen in Verbindung bringt. Die Großkatzen des Amazonas nehmen in Südamerika diese Stellung ein. In Zeremonien können Schamanen sich in Jaguare verwandeln, die als größte aller Katzen gelten und im Dschungel brüllen, um die Menschen vor Tod und Unglück zu bewahren. Das Funkeln ihrer Augen gleicht den letzten Sonnenstrahlen, die von den Herzen der Tiere empfangen werden.

Diese gegenseitige Verbindung mit dem Jaguar gibt dem Schamanen noch mehr Macht, um Tod, Unglück und Angst zu verstehen.

In den Anden ist der Westen die Richtung, in welcher der Schamane Erleuchtung erfahren kann, das bedeutet, daß er die Angst und alle Vorstellungen losläßt, die ihn daran hindern, mit dem Großen Geist verbunden zu sein. In dieser Richtung wird Tod oftmals auf beiden Ebenen erfahren, konkret und sinnbildlich. Die Wiedergeburt findet statt, wenn man die Einheit in sich selbst fühlt und wenn diese Einheit über die körperlichen und seelischen Ängste vor Trennung und Tod hinausgeht. Schamanen führen oft Übungen durch, die sie unmittelbar an die Kraft der Sonne anschließen, und dies hilft ihnen, über den Tod hinauszugelangen: eins zu sein mit dem Großen Geist.

Normalerweise finden die Heilungszeremonien an den heiligen Plätzen mit Thermalquellen statt. Sie werden im allgemeinen dazu benutzt, den Körper zu erhitzen, besonders das Blut, um die Umwandlung zu ermöglichen. In anderen Kulturen wenden die Menschen Thermalwasser oder heiliges Wasser an Orten der Kraft an, um den Körper bei der Transformation durch Hitze zu unterstützen. Die Umwandlung von Thermalwasser in Wasserdampf war ein Weg, den Körper an die Wandlungen, die auf unseren verschiedenen, tieferen Ebenen stattfinden, zu erinnern. Die Schwitzhütten nordamerikanischer Indianer und anderer Kulturen waren ebenfalls sehr wichtig, nicht bloß, um den Körper zu entgiften, sondern auch um eine Verbindung zum Großen Geist aufrechtzuerhalten.

In der Huachuma-Tradition wird der Schamane während einer Zeremonie in dem *Mesa* häufig Alkohol hinstellen und ein symbolisches Feuer entzünden. Das findet ungefähr um 3 Uhr morgens statt. Alle Elemente des *Mesa* empfangen die Energie des Feuers, was der Arbeit, die in der Zeremonie ausgeführt wird, mehr Kraft gibt. Das Feuer verbrennt sinnbildlich Negativität und Angst und verwandelt menschliche Begrenzungen auf magische Weise. Der Schamane kann auch ein symbolisches Hindernis erschaffen, beispielsweise ein

Loch in der Erde, in das er Gegenstände legt, die dann verbrannt werden. Diese Objekte stellen die Angst dar, die Menschen zurückhält, eine Angst, die typisch für uns alle ist. Nachdem das Feuer angezündet wurde, bittet der Schamane die Teilnehmer, über das Hindernis zu springen oder darüberzugehen. Die Symbolik dieser Handlung besteht darin, daß die Person über die Ängste hinausgehen kann, die sie hemmen und von deren Vorhandensein sie oft nichts wußte.

In der Himmelsrichtung Westen ist es möglich zu verstehen, daß zum Zeitpunkt des Todes die Seele eines Menschen in einen Teil des Weltalls reist, der voll von Sternen ist, und dort verweilt, bis es Zeit ist, zurückzukehren und wieder in einer neuen Verkörperung zu erscheinen. Wenn wir in dieser Richtung arbeiten, begegnen wir unseren tiefsten Ängsten, und es ist weise, sich daran zu erinnern, daß wir ihnen, wenn wir sie diesmal nicht in Harmonie bringen, in unserer nächsten Verkörperung wieder begegnen.

Als Kind litt ich an verschiedenen Krankheiten, die mein Blut betrafen. Mit der Zeit verstand ich, daß die Probleme mit meinem Blut durch karmische Bestandteile, die noch nicht bearbeitet wurden, bedingt waren. Ich hatte diese karmische Energie in diese Inkarnation mitgebracht, und die Krankheit war eine dringende Botschaft, um mir diese tiefen Ängste, die in meinem Leben präsent waren, umfassend näherzubringen und sie und damit mich selbst zu transformieren. Dies war die Krankheit, der ich mich bei meiner Einweihung am Amazonas gegenübersah. Ich mußte den Tod in seinem buchstäblichen Sinn verstehen lernen sowie die Ängste, die in meiner Kindheit eine wirkliche körperliche Krankheit hervorgebracht hatten. Als ich meine persönliche Transformation begann, hat sich die chemische Zusammensetzung meines Blutes verändert und der karmischen Erinnerung ermöglicht, sich zu befreien.

Wenn während einer Erkrankung die Temperatur ungewöhnlich ansteigt, bedeutet das oft, daß das Blut einer Wandlung unterzogen wird; eine dringende Botschaft, die uns anzeigt, daß etwas behandelt und verändert werden soll. Blut und Spiritualität sind sinnbildlich verknüpft. (Jesus verwandelte Blut in Wein.) Blut ist sehr symbolträchtig und hat Bezug zu unseren Emotionen. Sein Fließvermögen ist positiv. Bei der Einweihung wird die karmische Erinnerung verwandelt. Einige südamerikanische Völker, z. B. die Inkas, bezeichneten Blut oft als unsere tiefste Verbindung zu unseren Ahnen. Die Blutopfer der späteren Inkagenerationen pervertierten unglücklicherweise die Vorstellung, daß Blut heilig ist.

Wie der Osten, ist auch der Westen mit der Sonne verknüpft, wenngleich auf andere Art. In Südamerika war zu Zeiten alter Zeremonien die ganze Stadt Cusco mit Gold bedeckt, um so die Macht der Sonne darzustellen. Die Menschen führten besondere Rituale durch, um es der Energie der Sonne oder dem Großen Geist zu ermöglichen, in die Stadt zu kommen. Diese Zeremonien sollten jedem in der Gemeinschaft helfen, über seine oder ihre Ängste hinauszugelangen und Selbstvertrauen zu entwickeln.

Es ist der Westen, in den wir gehen müssen, denn letztendlich muß jeder seinem eigenen körperlichen Tod gegenübertreten. Sinnbildlich drückt der Sonnenuntergang den Tod aus. Wir alle wissen, daß am Ende eines Tages die Sonne in der unermeßlichen Nacht verschwindet. Und doch findet jedes Mal, wenn die Sonne untergegangen ist, eine Bewußtseinsänderung, eine innere Betrachtung statt. Es ist die Zeit, um Dinge zu ordnen, den Körper in den Schlafzustand hinein zu entspannen und eins zu werden mit dem Geist der Nacht. Es ist die Zeit, in der wir seltsame Träume haben und eine andere Welt sehen können als jene, die wir aus unseren wachen Stunden kennen.

Der Tod ist im Grunde das gleiche wie Schlaf. Er wird nur deshalb gefürchtet, weil er unbekannt ist. Wenn wir in der Richtung Westen arbeiten, verstehen wir, daß die Sonne niemals wirklich von der Dunkelheit berührt oder verwandelt wurde. Uns kommt es so vor, als ob sie sich niederlegt und nach den dunklen Stunden der

Nacht wieder aufsteigen und ihr Licht für einen neuen Tag, einen neuen Anfang spenden würde; so wie der Phönix aus der Asche aufsteigt. Aber in Wirklichkeit sind die Sonne und ihr Licht immer da. Wir sehen sie bloß nicht. Diese Einsicht bei der Arbeit mit dem Tod zu erlangen, ist eine wirkliche Errungenschaft.

Krafttiere und Naturelemente

Im Huachuma-Schamanismus, wie in jeder anderen schamanischen Tradition auch, spielen alle Elemente der Natur – Tiere, Pflanzen, Steine, Berge usw. – eine zentrale Rolle für das Wohlergehen der Gemeinschaft. Ich glaube, daß jeder lebende Aspekt der Natur einen Geist hat und daher als geistiger Freund geehrt werden sollte.

Tiere sind viel mehr als einfach nur irdische Geschöpfe, denen manchmal der Status eines »häuslichen Gefährten« verliehen wird. Im körperlichen Sinne sind sie ein lebendiges »Bindeglied«, das dem Menschen hilft, hinter die Geheimnisse der Natur zu kommen und an seinen eigentlichen Platz der Einheit in und mit dem Universum zurückzukehren.

Da überdies alle verschiedenen Stufen der Menschheitsentwicklung die Evolution der natürlichen Welt mit einschließen, glaube ich, daß sämtliche Aspekte der natürlichen Welt in unserer DNS eingezeichnet sind. Deshalb sind wir in der Lage, Tiere in der Natur zu beobachten, ihre Botschaften für uns zu vernehmen und viele Dinge über sie zu verstehen, was den körperlichen Nutzen vieler Arzneikräuter, heilsamer Lebensmittel und therapeutischer Übungen umfaßt.

Einige Tiere haben eine besondere Bedeutung; sie sind Krafttiere. Ihre Aufgabe besteht darin, uns in verschiedenen Situationen zu helfen, was in traditionellen Gesellschaften Leben oder Tod bedeuten kann oder in der modernen Welt, uns mit den eher instinktiven Teilen von uns in Verbindung zu bringen, die verlorengegangen sind.

Jede Region auf der Welt hat ihre eigenen Krafttiere. Die australischen Aborigines mögen den Geist des Känguruhs bemühen, um sie bei ihrer Traumreise zu leiten, während die Polynesier den Geist des Wales zum Führer bei ihren langen Seefahrten haben könnten. Die Indianer Nordamerikas haben vielleicht den Adler als Totem, wenn sie ihre Pfeifenzeremonien abhalten. Wissende beobachten die Kraft und das Verhalten all dieser Tiere, um ein besseres Verständnis von ihrem stimmigen Platz als ein Kind der Natur und somit ihrem Einfluß auf die Welt zu erhalten, während sie leise ihren spirituellen Pfad beschreiten.

Zum Beispiel kann der Adler in der Pfeifenzeremonie einer Person oder der ganzen Gemeinschaft helfen, eine Lebenslage von einem anderen Standpunkt aus als dem des Egos zu betrachten. Er kann sehr hoch in den Himmel aufsteigen – der Himmel versinnbildlicht das höhere Selbst – und vor Auseinandersetzungen und dem persönlichen Kräftespiel wegfliegen; über die banalen und begrenzten Umstände hinaus, welche Disharmonie in der Person oder in der Gemeinschaft erzeugen mögen. Er hat eine völlig andere Sichtweise auf die Dinge (z. B. kann er das Gesamtbild überblicken, ohne daß es von nebensächlichen Einzelheiten vernebelt wird).

Als unsere geistigen Freunde und Führer können Krafttiere sehr wichtige persönliche Botschaften für uns überbringen. Sie können die Aufmerksamkeit auf Stellen in unserem Leben lenken, die im Ungleichgewicht liegen. Da die meisten von uns in der westlichen Welt mit Haustieren vertraut sind, wollen wir sie als Beispiel nehmen. So könnte eine Katze einen Körperteil von uns ablecken oder sich ein Hund ungewöhnlich lange in unserer Nähe aufhalten. Ob wir uns nun darüber im klaren sind oder nicht, was die Tiere tun, ist wahrhaft schamanisch: Sie unterstützen uns dabei, negative Energien aus unserem Körper zu ziehen. Wir dürften überrascht sein, wenn wir später entdecken, daß wir genau an dieser Stelle, wo die Katze uns abge-leckt hat, ein Problem mit Arthritis haben, oder der Hund sich dicht an einen Körperteil von uns schmiegte, der nun verletzt ist. Diese Tiere haben ein Ungleichgewicht wahrgenommen, bevor es sich tat-sächlich manifestiert hat. Als geistige Freunde entfernten sie die negativen Energien aus unserem Körper, damit wir schnell in einen Zustand des Gleichgewichts zurückkommen konnten. Wenn wir es schaffen zu verstehen, was sie, unsere Krafttiere, uns sagen, können wir uns selbst helfen, bevor das jeweilige Ungleichgewicht auftritt.

Anstatt nur Augen für die künstliche Umgebung zu haben, in der die meisten von uns in der heutigen Zeit leben, ist es vielleicht wichtiger, unserer Krafttiere gewahr zu werden und aller Naturele-mente, die uns entweder leibhaftig oder im Traum begegnen, um mit Mutter Erde in Verbindung zu bleiben.

In Amazonien war die Lebensweise der *Ayahuascero*-Gemein-schaften, mit denen ich lebte, vielfältig mit dem Wald und all seinen Tieren verwoben. Die *Ayahuasceros* selbst betrachten den Jaguar als ein Krafttier. Das besagt, daß der Geist des Jaguars der Gemeinschaft auf einer körperlichen und geistigen Ebene hilft.

Während des schamanischen Rituals des *Mesa* (siehe das Kapi-tel »Die vier Himmelsrichtungen und das *Mesa*«) singt der Schamane ein *Icaro*, sein »Kraftlied«, und ruft den Geist des Jaguars mit der Bitte an, bei der Zeremonie anwesend zu sein. Er spricht zu dem Jaguar, wie man zu einem Freund spricht. Durch diese Verbindung erkennt er die Besonderheit des Tieres an und wird eins mit ihm. Tatsächlich sind in vielen amazonischen Sprachen die Begriffe für »Schamane« und »Jaguar« austauschbar.

Mit der Kraft und der Stärke des Jaguars, dessen Geist nicht von seinem eigenen getrennt ist, kann sich der Schamane frei auf der Erde und im Wasser bewegen. Die durchdringenden Augen dieses Tieres ermöglichen es ihm, in der Dunkelheit zu sehen, auf Bäume zu klettern, die Energie der Erde, des Wassers und des Himmels wahrzunehmen und leichter mit der natürlichen Welt in Beziehung zu treten. Manchmal nehmen die Mitglieder der Gemeinschaft an diesem Ritual teil und sehen, daß der Schamane eine ausgedehnte Reise in den Wald unternimmt. Sie betrachten ihn wie einen Jaguar. Wenn sich die Zeremonie steigert, fangen sie an, ihm Fragen zu stellen, die der Gemeinschaft helfen, die Welt auf eine völlig andere Weise zu sehen, indem sie die Wahrnehmung, die Kraft und die geistigen Fähigkeiten des Tieres erlangen. Mit ihrem Krafttier, dem Jaguar, als Führer und Freund können daher die Mitglieder der Gemeinschaft u. a. bessere Methoden der Nahrungsgewinnung und des Fischfangs erlernen und besondere Plätze finden, wo sie wichtige Dinge (wie z. B. Gold, Arzneipflanzen, Samen, Heilmittel usw.) sammeln können.

Da wir selbst nicht im Regenwald oder Dschungel Südamerikas leben, würden wir nicht erwarten, eine solche Beziehung zum Jaguar wie oben beschrieben zu haben. Dennoch sehen oder spüren wir in unseren Träumen den Geist und/oder die Energie von Tieren, Pflanzen, Bergen, Flüssen oder anderen Dingen.

Ein Kind könnte zum Beispiel von einem Tiger träumen. Das bedeutet, daß es von einem Teil seines Selbst träumt, der gewürdigt werden muß (möglicherweise dem Teil, der sich davor fürchtet, allein aufzuwachsen, getrennt von seinen Eltern und der Behaglichkeit, die es kennt). Häufig wird sich das Kind in seinem Traum vor diesem Teil seines Selbst ängstigen und eher vor der Traumgestalt des Tigers davonlaufen, anstatt ihn und damit die Freude über das Erwachsenwerden zu begrüßen. Sobald es aufwacht, ist es heiß und verschwitzt und wird fieberhaft seinen Eltern, bei denen es Trost sucht, seinen Traum erzählen. Seine Eltern sind gewöhnlich im Glauben erzogen, daß der Tiger nicht existiert, und das Kind, im vollen Vertrauen auf die Meinung seiner Eltern, erkennt nicht, daß der Tiger seine eigenen Ängste verkörpert, mit denen es versucht klarzukommen, und glaubt ihnen, wenn sie behaupten, daß es nur einen »bösen Traum« gehabt hat…, auch wenn es trotzdem nachsieht, ob sich nicht doch ein Tiger unter seinem Bett versteckt hat!

Der Verstand des Kindes, der den Tiger nicht angenommen hat, wurde nun darauf programmiert, von diesem Teil seines tiefen Selbst getrennt zu sein, und diese Prägung wird eine Dimension seiner Persönlichkeit. Der Tiger unter dem Bett kommt abhanden unter der Auswirkung der Zivilisation, und im Erwachsenenalter verstärkt sich das Gefühl der Trennung und Vereinsamung. Das, wovor das Kind zu fliehen versucht, ist genau das, mit dem der Schamane freundschaftlich umgeht. Der Schamane erfährt keine Trennung sondern Ganzheit.

Um diese Geschichte fortzuspinnen, kann das Kind, das im Traum von einem Tiger gejagt wurde und nun erwachsen geworden ist, sich weiterhin in wiederholter Weise Bildern oder Gegenständen gegenübersehen, die Tiger oder andere Angehörige der Katzenfamilie repräsentieren, wobei jede Begegnung eine Gelegenheit darstellt, seine Kindheitsängste zu verwandeln. Es kann Archäologe von Beruf werden und von den Katzen fasziniert sein, die die Pyramiden im alten Ägypten bewachen (Orte der Einweihung und Transformation), oder Tierarzt, Wildtierfotograf oder Zoowärter oder einfach die Liebhaberei entwickeln, Katzen zu sammeln (in Form von Büchern, Briefmarken, Porzellan usw.).

Wenn diese Umstände in einer schamanischen Kultur eintreten würden, könnte der Schamane vielleicht eine Zeremonie empfehlen, damit der Erwachsene die treibende Kraft hinter diesen Handlungen erkennt und sich bewußtmacht. Während der Zeremonie ist derjenige dazu aufgefordert, in eine umfassendere Beziehung mit dem Tiger zu treten. Er wird dann die Chance haben, viele Situationen loszulassen, die ihn im Laufe der Zeit vom Traum des Tigers trennten, den er einst als Kind hatte. Er dürfte verstehen, daß er in seinem Traum mit der Wahl zwischen Vertrauen (Liebe) und Angst konfrontiert war. Sich jetzt wieder für Angst zu entscheiden, würde bedeuten, die Flucht fortzusetzen, die auf dieser Stufe nirgendwo hinführt. Wenn er andererseits den Tiger als unschätzbaren Freund, als Krafttier, anerkennt und es vorzieht zu vertrauen und zu lieben, den Tiger zu begrüßen und mit ihm eins zu werden, dann kann er verbunden mit Mut und Stärke lernen, wie man darauf vertraut, daß uns das Leben die ganze Zeit über nährt und uns allen gehört. In jeder Lebenslage, die Angst hervorruft, kann der Tiger Vertrauen bei ihm erwecken.

Das Vorgehen des Schamanen im Wald Amazoniens bei derartigen Problemen stellt einen Transformationsprozeß zu Einheit und Ganzheit dar. Dieser, so glaube ich, ist im Westen seit langem verlorengegangen. Der Transformationsprozeß des Schamanen wird gelenkt durch das vollendete Gleichgewicht in der Natur – ihren Tiere, Pflanzen, Bergen und ihren Felsen, weil die Natur uns helfen kann zu verstehen, daß unsere Innenwelt nicht fortwährend in der Dunkelheit der Trennung aufrechterhalten werden kann. Tatsächlich versorgt uns die Natur mit vielen von den Lösungen, die wir suchen, wenn wir in der Lage sind, sie als solche wahrzunehmen. Das Leben kommt vor allem von einer tiefen Beziehung zur Natur, zur Mutter Erde und dem Kosmos. Die Krafttiere und andere Naturelemente als geistige Freunde sind dazu da, um uns zu unterstützen, die getrennten Teile von uns zusammenzubringen.

Auf ähnliche Weise kann so eine spirituelle Arbeit anderen helfen, ihre verlorene Verbindung mit dem Universum wiederzugewinnen. Selbst wenn wir nicht im Wald Amazoniens leben, braucht der »Großstadtdschungel«, in dem wir beheimatet sind, sogar mehr Krafttiere und Naturelemente als Beistand. Unser Körper, unser inneres Wesen müssen mit den instinktiven Rhythmen des Lebens verbunden und mit ihnen im Einklang sein.

Die Kraft der Natur kann somit durch eine unmittelbare Beziehung zu all ihren Aspekten hervorgerufen werden. Einen Vogel am Himmel zu betrachten, kann unserem Körper, Verstand und Geist Flügel verleihen. Im Traum fliegen wir, weil dieser Raum der Freiheit unseren Zellen im Gedächtnis geblieben ist. Es ist wichtig zu verstehen, daß wir bei dieser Erfahrung des Fliegens nicht nur eine gedankliche Beziehung zu einem Vogel herstellen oder, was das betrifft, irgendeinem anderen Aspekt der Natur, vielmehr verbinden wir uns wieder mit unserem innewohnenden Freiheitssinn sowie unserer Rolle im Universum.

In Wirklichkeit arbeiten alle Aspekte der Natur im Einklang mit einem harmonischen Kosmos. Wäre dies nicht der Fall, würde alles zusammenbrechen. Wenn ein Teil unseres Selbst durch Angst und ein Ungleichgewicht beunruhigt wird, kann uns die Natur an ihre Gesetze in positiver oder negativer Weise erinnern. Wir können zum Beispiel von einer glühend heißen Sonne träumen und einem Himmel, der so der Wolken beraubt ist, daß unsere Welt zu einer öden Wüste wird – die Wüste versinnbildlicht unsere mangelnde Beziehung zur Außenwelt –, oder wir können das Sonnenlicht ganz in unserem Körper, unserem Verstand und unseren Emotionen aufnehmen, so daß unser Geist genau wie die Sonne strahlt.

Mit ihrem Drang, die Natur zu beherrschen, hat die Zivilisation die einfache Wahrheit vergessen, daß wir durch das Einssein mit den Tieren, Pflanzen und Bergen einen wichtigen Teil von uns selbst annehmen.

Träume

Wir sind jede Nacht mit Träumen gesegnet, selbst wenn wir uns nicht an sie erinnern. Träume sind wunderbare Botschaften auf dem Pfad der Erkenntnis. Legen wir die Bücher beiseite, laden wir das Ego ein (mit seinem verzweifelten Drang, jede Erfahrung logisch zu betrachten), ruhig zu werden, und verstehen wir, wie Schamanen mit Träumen arbeiten.

In den westlichen Gesellschaften hat uns das Ego von der Welt der Träume getrennt und uns dadurch von einem bedeutsamen Teil unserer eigenen Wirklichkeit abgespalten. Das ist nicht überall so. In Gemeinschaften Südamerikas, die eine traditionelle Lebensweise bewahrt haben, machen Träume einen großen Teil des Alltagslebens aus. Sobald Kinder zu sprechen beginnen, arbeiten sie bereits mit ihren Träumen, und dies ist zu einer Lebensart geworden. Die Leute sitzen im Kreis und würdigen ihre nächtlichen Abenteuer, indem sie davon erzählen. Was für eine Botschaft es auch immer sein mag, sie deutet darauf hin, was man am Tage tun sollte. Wenn der Traum besagt, daß jemand seine Arbeit aufgeben soll, dann wird sie aufgegeben! Aber wenn Menschen aus dem Westen sich in dieser Weise verhielten, würden die Leute in ihrem Umfeld sie für verrückt halten, einen »harmlosen Traum« so ernst zu nehmen. Und doch müssen wir mit der Weisheit unserer Träume leben.

Unsere Handlungen töricht auf eine Reihe von Richtlinien zu beschränken, hält die magische und schöpferische Welt davon ab, mit unserem Leben in Berührung zu kommen. Indem du vielleicht deine Arbeit verläßt, wo du dich unterdrückt und gelangweilt fühltest, hast du die Chance, ein schlummerndes Talent oder ein versteckes Potential in dir zu entdecken, das du nie zuvor berücksichtigt hast. Wenn der Traum besagt zu fliegen, laß uns fliegen!

Sobald wir die Naturgesetze eines heiligen Traums verstehen, können wir fliegen. Unsere Fähigkeiten sind unbegrenzt. Die Frage: »Kannst du so fliegen wie ein Adler?«, die dem Schamanen von den Anthropologen gestellt wird, ist für ihn unangebracht, weil er in der außerordentlichen Wirklichkeit natürlich fliegen kann! Jeder erinnert sich womöglich, daß er als kleines Kind aus dem Fenster oder vom Balkon herunterspringen und fliegen wollte. Doch wenn wir es ausprobierten, taten wir uns weh. Aber wir glaubten weiterhin an unsere Träume, weil wir mehr Vertrauen in sie hatten als in uns. In der inneren Welt gibt es ein Gefühl von Einheit und Magie, das uns sagt, daß alles möglich ist. Kinder, die sich dessen noch gewahr und sehr auf ihre Lebenskraft ausgerichtet sind, wissen dies besser als Erwachsene. Sie glauben weiterhin an den Zauber der Welt, in der sie leben, und an die schöpferische Lebenskraft, die sie zu ihren Handlungen antreibt.

Nehmen wir unsere Träume ernst. Wenn wir träumen, fliegen wir. Erschaffen wir ein Ritual, welches das Fliegen ehrt, kleiden wir uns so wie ein Kondor, ziehen wir in die Berge und lernen wir symbolisch das Fliegen! Aber wenn wir glauben, daß es unmöglich ist, werden wir nicht springen, weil wir Angst vorm Fallen haben. Um unsere Träume zu entschlüsseln, ist es nötig, unser Ego und unsere Konditionierung beiseite zu stellen und uns der Wirklichkeit des Traums zu nähern. Menschen, die den Mut haben, zu springen und zu fliegen, tun es tatsächlich in einer nichtkörperlichen Dimension.

Träume können uns an unseren Weg zur Ganzheit in dieser Welt erinnern. Alle Elemente eines Traumes sind Teile von uns.

Jedes Mal, wenn wir von einem Tier oder irgendeinem Bestandteil der Natur träumen, kommen wir im Geiste unserem Wesenskern sehr nahe. Lauschen wir der Kraft der Natur und verstehen wir ihre Botschaften in unseren Träumen!

Die vier Elemente, welche die vier Himmelsrichtungen des *Mesa* oder Medizinrades verkörpern (Erde/Osten, Feuer/Westen, Wasser/Norden und Luft/Süden), sind bedeutsame Gesichtspunkte in der Welt der Träume. Sie ergeben für uns Schlüssel, um damit zu arbeiten. Ich sage bewußt »damit zu arbeiten« und nicht »sie zu deuten«. Wenn z. B. jemand einen Traum hat, der von der Angst handelt, einen Bereich seines Lebens zu verändern, und dieser Traum mit der Luft und dem Wind in der Himmelsrichtung Süden arbeitet, dann kann derjenige lernen, wie er die Emotionen losläßt, da Luft das Element der Veränderung ist. Erinnere dich, daß die Richtung Süden die Schlange als Symboltier hat, welche der Lebenskraft (*Kundalini*) hilft, aufzusteigen.

Ein Traum kann uns auch auf ein bestimmtes Nahrungsmittel hinweisen, um den Körper auf stofflicher Ebene zu unterstützen. Deswegen ist es sehr wichtig, mit dem Körper zu arbeiten. Auch wenn wir z. B. wütend sind, liefert unser Körper diese Energie. Wir sollten wissen, daß dieser Seinszustand dennoch vorübergehend ist, da der Körper und seine Zellen sich fortwährend mit unserem Bewußtseinsgrad verändern. Bedenke auch, daß bei einer emotionalen und geistigen Veränderung der physische Körper folgen muß und es auch tun wird.

Träume, selbst die »schlechten«, sagen uns immer etwas Gutes. Sie zeigen an, daß wir mit etwas arbeiten, das uns sehr nahegeht. Folgendes Beispiel: Eine Frau erzählte mir einen sehr kurzen Traum, den sie hatte. In diesem Traum lag sie am Boden, als ein Skorpion sie in die Gegend ihres Bauchnabels stach. Sie berichtete mir, daß dieser Biß seltsamerweise keine Gefühlsregung oder körperlichen Schmerz bei ihr auslöste. Bei dem Schamanen steht der Skorpion für die Himmelrichtung Osten, die wiederum mit der Beziehung zwischen

Körper und Erde zu tun hat, und in dem Traum war er ein Bote der Erde. Das Gift des Skorpions ist eine kraftvolle Medizin, und diese Frau brauchte eine starke Medizin, die ihren Körper reinigte, besonders ihre blockierten Energiebereiche im Solarplexus, dem Magen und ihrem Herzen. Ein anderes Beispiel: Wenn ein Traum davon handelt, daß du von einem Tiger verfolgt wirst, wird der Schamane es so betrachten, daß der Tiger eine sehr wichtige Botschaft für dich hat, die dringend verstanden werden will. Diesmal wollen wir nicht weglaufen! Haben wir Mut! Seien wir freundlich zu dem Tiger und sprechen mit ihm. Treten wir in den Traum ein, um seine einzigartige Sprache zu begreifen.

Je mehr wir mit Träumen arbeiten, desto mehr verstehen wir ihre Vielschichtigkeit, desto mehr eröffnen sie uns auf vielen Ebenen unseres Bewußtseins ihre Magie und desto mehr helfen sie uns, des Wissens und der Weisheit, die in uns allen wohnen, gewahr zu werden.

Es gibt einige Möglichkeiten, damit wir uns an unsere Träume erinnern und mit ihnen arbeiten können:

1. Lege Stift und Papier neben dein Bett, um deine Träume aufzuschreiben. Sich an seine Träume zu erinnern, heißt, sie zu achten und ihnen eine körperliche Dimension zu geben. Oft verschiebt man diese Tätigkeit auf später, aber vergißt sie dann gewöhnlich und findet keine Zeit dazu. Die Zeit finden, ein paar Worte über den Traum aufzuschreiben, wird uns zunächst an seine Energie erinnern. Er wird dann in Bildern, Gefühlen und Empfindungen zu uns zurückkehren.

2. Benutze einen Kassettenrecorder, um den Traum sprachlich aufzuzeichnen.

3. Zeichne oder male den Traum.

4. Tanze oder erzeuge fließende Bewegungen, welche die Energie des Traumes wiedergeben.

5. Trinke ein Glas Wasser, um dich besser an deine Träume zu erinnern. Damit meine ich, daß du das halbe Glas vorm Schlafengehen trinkst und den Rest nach dem Aufwachen. Das verankert den Traum in deinem Körper, der sich manchmal nicht an die Einzelheiten erinnert, besonders wenn er sehr müde oder beschäftigt ist oder sich vom vergangenen Tag erholt.

6. Vermeide es, vorm Zubettgehen fernzusehen. Nach einem Arbeitstag kommen wir müde nach Hause zurück, schalten den Fernseher ein und stören damit den Rhythmus des Gehirns. Es stört die Tätigkeit der Hirnanhangdrüse (die dazu beiträgt, den Sinn fürs Magische in uns zu entwickeln) und hemmt den natürlichen Fluß der Träume.

7. Sorge für dich, bevor du zu Bett gehst. Mache ein Ritual aus dem Übergang von der täglichen Betriebsamkeit zum Schlaf auf eine streßfreie, entspannte Weise.

8. Vermeide es, dich vorm Schlafen auf eine tiefgründige Diskussion über ein Problem einzulassen und unterlasse sorgenvolle Gedanken. Der Geist sollte entspannt sein.

9. Entspanne dich in den Schlafzustand hinein, indem du ein spirituelles Buch, inspirierende Worte oder heilige Texte liest.

10. Sorge dafür, daß dein Schlafzimmer ein ruhiger, sauberer und friedvoller Zufluchtsort zum Schlafen ist und eben keine Erweiterung deiner hektischen Tagesaktivitäten, unerledigten Arbeit und/oder deines Lebens allgemein. Es ist wohltuend, wenn du einen Altar mit einfachen und schönen Dingen in der Nähe deines Bettes errichtest. Beziehe positive Gegenstände mit ein, Bilder und alle anderen Einzelheiten, die du gern in deine Träume einladen möchtest.

Körpertypen

In alten Zeiten teilte der Huachuma-Schamanismus die Menschen in drei grundlegende Körpertypen ein, verbunden mit ihrer jeweiligen Art der Ernährung. Theoretisch gehört jeder von uns einem bestimmten Typ an, jedoch kann manchmal ein Grundtyp mit einem anderen kombiniert werden. Natürlich sind diese drei Einteilungen nicht exakt. Sie bieten einfach einen Anhaltspunkt, was die Art und Weise betrifft, wie wir unsere Ernährung entsprechend unserem Körpertyp verbessern können.

Menschen mit runder Kopfform

Diese Menschen sind sehr leicht an ihren hohen Wangenknochen und der runden Kopfform zu erkennen. Sie haben allgemein einen stabilen und sehr entwickelten Magen, weil dort ihre Lebensenergie sitzt. Sie sind eher klein gewachsen und neigen dazu, leicht zuzunehmen, wenn ihre Nahrung nicht ihrem Körperbau entspricht. Dieser Körpertyp ist auf der ganzen Welt verbreitet. Er kann in Südostasien angetroffen werden und im nördlichen Polarkreis, in Sibirien und Nord- und Südamerika. Das Grundelement von Menschen mit runder Kopfform ist Feuer.

Als Kinder werden diese Menschen, die sehr körperbezogen sind, wahrscheinlich viel laufen, um die Dinge in ihrer Umgebung zu erforschen. Manchmal befassen sie sich mit eher geruhsamen Tätigkeiten wie Musik und Kunst. Da sie voller Energie stecken, neigen sie dazu, sehr schnell voranzugehen mit dem Bedürfnis, sich äußerlich auszudrücken. Dennoch sind sie leicht frustriert, sobald ihr persönlicher Ausdruck in irgendeiner Weise eingeschränkt ist. Es ist sehr wichtig für ihre Entwicklung, daß sie sich gehegt und sicher fühlen. Wenn im Säuglingsalter ihr Umfeld verhältnismäßig unbeständig war, wenn sie nicht das bekamen, was sie brauchten, als sie es brauchten, neigen sie dazu, eine emotionale Negativität in ihr Erwachsenenleben zu bringen. Sie sind leicht gereizt, sobald sie unter Anspannung stehen, was ihnen oft passiert. Wenn sie nicht im Gleichgewicht mit sich sind, sendet ihr Wurzelchakra, das allgemein stark ist, die Energie zur Leber anstatt zu den höheren Chakras entlang der Wirbelsäule. Die Probleme, welche die Menschen regelmäßig mit der Leber bekommen, stehen in Verbindung mit Wut und zuweilen negativen Emotionen (oft entwaffnend für andere), die sie anregen können.

Dieser Körpertyp hat seine Stärken und Schwächen. Menschen mit runder Kopfform neigen dazu, alles zu mögen, was süß schmeckt. Wenn allerdings raffinierter Zucker wie in Schokolade und Kuchen die von ihnen benötigte Energie liefert, hält dies nicht lange vor. Das stört nur das Blutsystem und die Leber, was sogar noch mehr Unausgewogenheit in ihrem Leben erzeugt. Auch Proteine sollten von ihnen mit Zurückhaltung verzehrt werden. Fleisch, Eier und einige Nüsse verursachen diese Disharmonie. Maßvoll genossen, helfen diese Lebensmittel, den Körper zu heilen, im Übermaß jedoch werden sie sehr rasch in Energie umgewandelt und rufen Störungen und Streß im Wurzelchakra hervor.

Personen dieses Körpertyps sollten Nahrung zu sich nehmen, die ihrem Wohlbefinden dient und ihnen eine Menge an Energie für einen langen Zeitraum liefert. Sie können ihre Leber ins Gleichgewicht bringen, indem sie viele verschiedene Körner, Getreide, Brot usw. verzehren, die sehr reich an Mineralstoffen sind. Mit dieser Nahrung entgiften sie leicht ihre Leber und entwickeln eine größere Ausgeglichenheit im Leben. Rote oder orangefarbene Nahrungsmittel wie Tomaten, Paprika, Beeren und Gartenkürbisse enthalten Antioxidantien (Vitamin C usw.), die sehr kräftigend für die Leber sind. Diese eignen sich außerdem sehr gut für »Rundköpfe«, weil diese Menschen durch ihr erfülltes und leidenschaftliches Leben dazu neigen, ihr Blutsystem zu schwächen, das ihren Körper rundherum mit Energie (Sauerstoff, Nährstoffen) versorgt. Ferner fühlen sich »Rundköpfe« besonders von Nahrungsmitteln angezogen, die einen starken Bezug zur Sonne haben. Diese Speisen enthalten die Lebenskraft der Sonne. Sonnenblumenkerne und Früchte gehören in diese Gruppe. Tatsächlich haben diese Menschen einen Hang dazu, niedergeschlagen zu sein oder von den Dingen ganz in Anspruch genommen zu werden, die sie zutiefst negativ zu sehen pflegen. Aus diesem Grund ist die Sonnennahrung notwendig, da sie dem Licht gestattet, tief in ihre Zellen einzudringen. Getreide und andere Pflanzen, die von Natur aus das Licht suchen, bringen auch genau diese Intelligenz in den stofflichen Körper dieser Menschen und helfen ihnen, Negativität zu überwinden.

»Rundköpfe« sind bestrebt, geistig an sich zu arbeiten, aber ihr Körper kann ihnen Mineralstoffe entziehen, besonders Kalzium, wenn sie negativen Erinnerungen oder Blockaden begegnen, welche ihr tiefes Selbst davon abhalten, sich voll auszudrücken. Kalzium ist daher besonders wichtig für sie, wenn sie mit der Vergangenheit arbeiten müssen. Es kommt besonders in Sesamkörnern, Tofu, Milchprodukten usw. vor.

Menschen mit langer Kopfform und ovalem Gesicht

Menschen dieses Körpertyps sind leicht zu erkennen, weil ihr Kopf eher eine lange Form hat. Sie können runde Wangen haben, neigen jedoch mehr dazu, ein eher oval geschnittenes Gesicht zu haben. Sie kommen häufiger im Mittleren Osten, Osteuropa und bestimmten Teilen Nordamerikas und Asiens vor. Ihr Grundelement ist Wasser.

Bei diesen Menschen ist das Solarplexus-Chakra allgemein sehr stark und, ähnlich wie bei den Leuten mit rundem Kopf, strotzen sie vor Energie. Aber anstatt diese Energie zu verwenden, um ihr inneres Selbst auszudrücken, wenden sie sich der Außenwelt zu. Da sie sehr besorgt um die Welt sind, die sie umgibt, haben sie allgemein Schwierigkeiten damit, Dinge loszulassen. Sie vergessen, auf ihr Herz und den tiefsten Teil von sich zu hören. Aufgrund ihres Bedürfnisses, zu verstehen und sich mit der äußeren Welt zu verbinden, sind sie leicht unaufmerksam und vergessen die kraftvolle Energie, die sich in ihrem Inneren bewegt. Sie sind deshalb leicht frustriert. Ihre Frustration wird normalerweise nicht durch Wut ausgedrückt, sondern durch die Schwächung ihrer Lebensenergie.

Sie neigen dazu, ein schwaches Immunsystem zu haben und werden wahrscheinlich leicht krank.

Ihr Problem mit dem Loslassen drückt sich in ihrem Gefühlsleben und der körperlichen Lebensdauer aus, weil sie sich nur langsam von jeglicher Krankheit, die sie sich zuziehen, erholen. Da sie häufig nicht auf sich achten, wegen der hundert äußeren Dinge, die sie tun oder verstehen müssen, sind ihre Nieren schwach und arbeiten mehr als nötig. Je mehr Streß und Ablenkungen sie haben, desto chronischer wird es. Wenn ihre Nieren über eine lange Zeit hinweg schwach bleiben, beziehen diese Menschen die Energie aus ihrer Schilddrüse. Viele Personen dieses Körpertyps haben die Neigung, an Schilddrüsenproblemen zu leiden, verbunden mit einer Gewichtszunahme und extremen Stimmungsschwankungen; alles nur deshalb, weil der tiefste Aspekt ihrer Lebensenergie oft nicht in die Lage versetzt wird, in ganzer und vollständiger Weise mit der äußeren Umwelt verbunden zu werden.

Wasser, als das beherrschende Element der »Langköpfe«, muß im Körper dieser Menschen ausgeglichen werden. Aber sie vergessen zu trinken und essen sehr hastig, um weiter der Energie nachzujagen, die von ihnen getrennt ist. Sie bilden Harnsäure in ihrem Körper, die – bei geschwächten Nieren – einfach nicht immer völlig ausgeschieden werden kann. Infolgedessen richten sie allgemein ihre Energie auf Sexualität aus. Ihre sexuellen Triebe sind stark, aber werden oft in einer Art und Weise ausgedrückt, bei der das Herz nicht dabei ist: Der Körper dieser Personen entläßt einfach die Harnsäure und die überschüssige Energie in ihre Sexualität, was oft eine Problemquelle für sie darstellt.

Obwohl sie oftmals begnadet in Kommunikations- und Therapieberufen sind, fehlt diesen Menschen dennoch allgemein die Fähigkeit, mit den tiefsten Aspekten von sich in Verbindung zu treten. Wenn sie an einer Krankheit leiden, haben sie Schwierigkeiten, sich selbst zu helfen. Die Schwäche ihrer Schilddrüse bedeutet, daß sie mehr Ausgeglichenheit im Bereich der Kehle erzeugen müssen, insbesondere indem sie lernen, wie sie selbst in der Kommunikation *zum Ausdruck kommen*, anstatt einfach nur zu *sprechen*.

Menschen dieses Körpertyps müssen unbedingt Tee, Kaffee, Alkohol, Zucker, Weißmehl, sehr ölige Speisen (außer Olivenöl), Vollfettkäse und Fleisch meiden. All diese Nahrungsmittel pflegen eine Säurereaktion im Körper hervorzurufen, was das Immunsystem und die Nieren schwächt und die Schilddrüse reizt. Diese Reizung findet ihren Ausdruck in ihren Emotionen und außerdem häufig in ihrer Spiritualität.

Die Nieren und die Schilddrüse können durch bestimmte Nahrungsmittel gekräftigt werden, dazu gehören einige Arten von Getreide und grünem Gemüse. Im Gegensatz zu Menschen mit rundem Kopf, sind hier die besten Getreidearten diejenigen, die eine alkalische Reaktion im Körper erzeugen. In den Anden verwendeten die Menschen der Antike (oder »Langköpfe«) oftmals Quinoa. Im Mittleren Osten und Gegenden des Mittelmeerraums war dies Hirse. Quinoa, Hirse und grünes Gemüse unterstützen die Ausscheidung der Harnsäure über die Nieren. Grünes Gemüse reinigt nicht nur den Körper, sondern hat die Tendenz, dessen Säuregehalt in ein besseres

Gleichgewicht zu bringen, was die Nieren gewöhnlich nicht allein bewerkstelligen können.

Lebensmittel mit grüner und blauer Farbe eignen sich am besten für »Langköpfe«, weil sie ihren Körper reinigen und ihre Schilddrüse stärken. Dies ist überaus hilfreich für sie, um sich in ihrer geistigen Wirklichkeit zu verankern. Zu diesen Lebensmitteln gehören Erbsen, verschiedene Arten von Bohnen, grünes Blattgemüse, bestimmte Kartoffelsorten und Wurzelgemüse, Kürbisse, blaugrüne Algen, Blaubeeren usw.

Aufgrund ihrer Verbindung zum Element Wasser können diese Menschen sehr introvertiert sein und die Welt vielmehr durch feine Zeichen betrachten, anstatt über äußere Logik. Sie haben eine Verbindung zum Mond und der Welt der Träume, aber wenn sie nicht in ihrer spirituellen Wirklichkeit verankert sind, scheinen sie ihr Potential nicht in ihrem Dasein (in einer schöpferischen Weise) auszudrücken.

Menschen mit eckiger Kopfform und großer, breiter Stirn

Menschen mit sehr eckigem Kopf und großer Stirn (die üblicherweise ziemlich breit ist im Vergleich zu ihrem Gesicht) sind leicht zu erkennen und kommen häufig in Mitteleuropa und vielen Gebieten Asiens und des Pazifiks vor. Ihr Grundelement ist Luft.

Sie neigen dazu, ihre Energie, die sie im Überfluß besitzen, schnell aufzubrauchen und viel von ihrer Zeit damit zu verbringen, die Welt um sich herum zu fühlen, anstatt sich körperlich oder gedanklich auszudrücken. Die Menschen dieses Körpertyps suchen Harmonie. Als Kind wurde ihre Anwesenheit von ihren Eltern wahrscheinlich sehr geschätzt. Sie haben in der Regel Berufe, die mit Menschen zu tun haben, wie etwa Richter, Personalleiter usw. und sind meist sehr kreativ. Taktvoll wie sie sind, haben sie Freude daran, einen ausgeglichenen Lebensstil für sich und andere zu erschaffen.

Jegliche Disharmonie pflegt sie zu schwächen, emotional und auch körperlich. Sie leiden dann an Erkältung, Grippe und Allergien, welche direkt ihre Atmungsorgane betreffen, besonders die Lunge und den Rachen. Sie tendieren auch dazu, Probleme mit dem Herzen zu haben, besonders wenn emotionale Konflikte verinnerlicht werden oder sie ihr Bestimmungsgefühl oder ihren Sinn im Leben verlieren.

Menschen dieses Körpertyps dürfen Milchprodukte nur in Maßen verzehren, weil diese zu Verschleimung bei ihnen führen und ihre Erkältungen und Grippesymptome verschlimmern. Ihre Ernährung erfordert viele konzentrierte Lebensmittel wie Samen, Nüsse, Öle, Eiweißstoffe und Bohnen, welche die Energiezunahme in ihrem Körper begünstigen und wodurch vermieden wird, daß Energie vom Herzen bezogen wird. Idealerweise sollten ihre Speisen von gelber oder goldgelber Farbe sein.

Diese drei Gruppen ermöglichen uns eine allgemeine Vorstellung von den Eigenschaften, die mit den verschiedenen Körpertypen verbunden sind, und es ist interessant, sich selbst zu beobachten, seinen Partner und Freunde, um zu sehen, ob bestimmte Nahrungsmittel gemocht werden oder nicht. Wir können feststellen, daß verschiedene morphologische Typen völlig andere Dinge als wir selbst brauchen. Wir sollten trotzdem nicht vergessen, daß die Mehrheit der Leute nur einen Körpertyp hat, während andere manchmal eine Mischung von allen dreien sind.

Ernährung

Im Huachuma-Schamanismus sind Nahrung und der Vorgang des Essens grundlegend für das innere Wohlbefinden und die körperliche Gesundheit. Nahrung ist nicht nur ein materieller Stoff, der den Körper nährt, sondern außerdem ein Stoff, der geistige und emotionale Energie enthält. Ihre Energie ist eine sehr bedeutsame Lebensquelle. Sie hilft uns, ein gesundes Fundament für unseren Tempel (unseren stofflichen Körper) zu erschaffen, so daß innere Arbeit und Umwandlung ruhig und harmonisch stattfinden können. Deshalb steht der Verzehr von Lebensmitteln, die frisch und voller Energie sind, im Mittelpunkt bei diesem schamanischen Brauch.

Im Huachuma-Schamanismus spiegeln die Art, wie wir essen, und was wir essen unsere geistige Entwicklung wider. Es ist keinesfalls ratsam, hochverarbeitete Nahrung in Dosen zu kaufen, was heute so alltäglich ist im Fernsehen, Restaurant und Schnellspeiselokal – und auf unserem Einkaufszettel. Wie kann diese Art von Nahrung dieselbe Lebenskraft enthalten wie frisches Obst und Gemüse? Wie kann so eine Art des Essens spirituell sein? Für die traditionellen Völker der Anden sind diese Gesinnungen ein Graus und entsprechen einem langsamen Sterben; einer Einladung an den stofflichen Körper, gewiß mit dem Alter krank zu werden.

Der Huachuma-Schamanismus berücksichtigt, daß Nahrung mehr ist als einfach etwas Stoffliches. Gesunde Nahrung dient nicht nur dazu, unseren Magen zu füllen, weil wir, indem wir sie essen, auf einer sehr tiefen Ebene mit Mutter Natur kommunizieren. Wenn wir mit mehr Gewahrsein essen, verstehen wir, daß es nutzlos ist, sich auf die Vorstellungen anderer Leute zu beziehen. Unabhängig von dem Gedanken, daß Nahrung oder die Dinge der äußeren Welt uns wirklich mit Glück erfüllen können, erkennt man, daß nach den Naturgesetzen Glück und das, was uns nährt, eine Erweiterung von Mutter Natur, eine Erweiterung von uns selbst ist. Das Wissen der Natur wird erworben, indem man ihre Gesetze versteht und ihr gegenüber gewahr ist.

Ich erinnere mich, daß in Südamerika, in bestimmten Gebieten der Anden, die traditionell lebenden Menschen stets Nahrung zu sich nahmen, die voller Lebensenergie war. Ihre Gesichter hatten ein Leuchten, das bei westlichen Menschen desselben Alters fehlte. Diese Leute arbeiteten bis zum Alter von 80 oder 90 Jahren auf den Feldern und kannten keine »Alterserscheinungen«. Sie lebten von einer einfachen vegetarischen Kost, atmeten frische Luft und zeigten Freude und Fröhlichkeit bei ihren Aufgaben. Krankheit war selten, und die Leute hatten oftmals viele Kinder. Viele erreichten außerdem ein Lebensalter von bis zu 120 Jahren.

Mit all ihrer Technologie, ihren Vitaminpillen und ihrer künstlichen Medizin erfährt die westliche Welt nicht diesen natürlichen Zustand des Wohlbefindens, den man immer noch in vielen Teilen der Welt vorfindet. Dennoch werden die traditionellen Gesellschaften langsam von den äußeren Einflüssen berührt. Die westliche Ernährung ist überall in der Welt auf dem Vormarsch; folglich sehen wir, daß dieselben Krankheiten und derselbe Mangel an Lebenskraft wie im Westen nun die abgelegensten Dörfer erreichen.

Der Huachuma-Schamanismus (sowie viele andere geheimnisvolle Traditionen) empfehlen nicht den Verzehr von Fleisch und Eiern. Er sieht vegetarische Ernährung als den idealen Weg an, einen gesunden Körper zu haben. Mit seinem hohen Säuregehalt neigt Fleisch dazu, eine ausgewogene Verdauung zu verhindern. Für diejenigen, die Fleisch essen, ist es sehr wichtig, es zusammen mit viel

Gemüse zu verspeisen, um die enthaltene Säure zu neutralisieren. Üblicherweise verzehren Angehörige von traditionellen Kulturen Fleisch in sehr kleinen Mengen und stets mit Gemüse als Beilage.

In Amazonien sind Fleisch und Fisch wichtige Bestandteile der Ernährung, aber die Qualität von diesem Fleisch und Fisch ist sehr verschieden von derjenigen, die man in Supermärkten vorfindet. Häufig halten die Mitglieder einer Gemeinschaft vor der Jagd ein Ritual ab, um sich mit dem Geist des Tieres, das sie jagen werden, in Verbindung zu setzen und sein Einverständnis einzuholen, für die Gemeinschaft geopfert zu werden. Indem sie dies tun, bringen sie sich mit einer sehr tiefen Ebene des Tieres in Beziehung und erfragen, ob seine Lebenskraft verträglich mit der ihren ist. Falls das Tier »nein« sagt, werden sie dies anerkennen (z. B. könnte es ein Muttertier sein, das für seine Jungen sorgen muß). Wenn die Männer das Tier dann trotzdem jagen, erlegen und verspeisen, wird eine negative Reaktion in ihrem Körper auftreten, wodurch sie erkennen, daß sie dem Wesen ein Unrecht zugefügt haben und daß man nicht das Fleisch eines Tieres essen sollte, das mit seinem Tod nicht einverstanden war.

Das Tier kann auch »ja« sagen, weil es weiß, daß seine Zeit zum Sterben gekommen ist, so daß die Jagd stattfinden kann. Wenn ein Tier »ja« zu seinem Tod sagt, handelt derjenige, der es tötet, im Einklang mit den Naturgesetzen in derselben Weise wie der Adler Jagd auf den Hasen macht. Im Westen haben wir gewöhnlich kein derartiges Feingefühl. Wir verzehren Fleisch oder Fisch, einfach weil wir daran gewöhnt sind, es zu tun.

Als die europäischen Pioniere in Nordamerika eintrafen, ohne die Achtsamkeit der Indianer gegenüber den Büffeln, schlachteten sie nur zum Vergnügen Tausende von ihnen ab. Innerhalb von wenigen Jahren waren beinahe alle Bisons ausgerottet. Einige wurden wegen ihrer Haut getötet, andere Kadaver verwesten schlichtweg auf den Prärien, zum großen Leidwesen der Indianer, die erkannten, daß die Europäer weder die Tiere achteten noch im Einverständnis mit den Naturgesetzen vorgingen, wie sie es taten.

Viele andere Tiere auf der ganzen Welt erfahren noch immer dasselbe Schicksal. Die Tiere, deren Fleisch in den Supermärkten gekauft wird, wurden gewöhnlich ohne jeglichen Respekt oder Zuneigung während ihres Lebens oder beim Schlachten behandelt. Indem wir versäumen, das Tier zu fragen, ob seine Lebensenergie mit der unsrigen vereinbar ist, brechen wir die Naturgesetze. Wir sehen dieses Tier lediglich als ein materielles »Ding« an und sind blind für seine geistigen und gefühlsmäßigen Seiten. Unempfindlich für den Schmerz, den wir Mutter Erde und ihren Geschöpfen zufügen, essen wir im Westen Fleisch geradezu aus »kultureller Gewohnheit«. Gleichzeitig schaden wir unserem eigenen Körper, indem wir unsere Lebenskraft auf eine sehr niedrige stoffliche Ebene herabsenken und uns das Leiden des verzehrten Tieres einverleiben.

Es gibt keinen Vergleich zwischen dem Genuß von Fleisch, das im Supermarkt gekauft wurde, und dem eines Tieres, mit dem man sich rituell verbunden hat und das mit dem ihm gebührenden Respekt gejagt wurde. Das Fleisch aus dem Supermarkt trägt die Disharmonie, das Leiden und die Furcht des Tieres, das geschlachtet wurde, und überträgt es auf unseren Körper. Dies kann uns aggressiver und schwächer machen, nicht nur auf körperlicher, sondern auch auf geistiger und emotionaler Ebene. Auf der körperlichen Ebene hat man sich an der Lebensenergie der »Verbrauchstiere« zu schaffen gemacht, indem sie mit Unmengen von Chemikalien gefüttert oder gespritzt wurden: Antibiotika, Farbstoffe, Fleischzartmacher, Konservierungsstoffe, Hormone usw. Dieses Fleisch unterscheidet sich sehr von dem, das unsere Urgroßeltern gegessen haben; ohne Chemikalien, von Tieren, die in der freien Natur aufgezogen wurden. Demnach wäre ein möglicher Schritt zu versuchen, seine eigenen Tiere zu halten, um vor dem Verzehr eine Beziehung zu dem jeweiligen Tier herzustellen. Das würde uns helfen zu erkennen, daß das Fleisch, welches wir essen, nicht einfach nur ein materielles Ding ist, sondern einen Geist in sich trägt.

Wenn wir mit dem Geist oder der Lebenskraft der Nahrung, die wir essen, in Verbindung sind und wenn wir innerhalb der Naturgesetze wirken, verstehen wir, daß wir die Wahl haben, entweder gegen diese Lebenskraft zu handeln oder in Einklang mit ihr. Sofern wir uns der Nahrung mit dem Blickwinkel des Egos nähern, sind wir wahrscheinlich nicht sensibel genug für den Geschmack von dem, was wir zu uns nehmen. Anstatt nach der Lebenskraft der Nahrung zu suchen, vertrauen wir auf den Rat des Arztes oder unserer Kultur, die nur die Wichtigkeit hervorheben, genügend Eisen, Protein und dies oder jenes zu haben. Wir hören auf die äußeren Vorschriften anstatt auf die instinktive Weisheit unseres Körpers.

Wenn wir einfach aufmerksam für unser Selbst sind, so wie wir es als Kinder waren, bemerken wir, daß wir ein inneres Wissen haben, das sich über Millionen von Jahren in jeder Zelle unseres Körpers entwickelt hat. Die Zellen der Zunge, des Mundes, der Kehle, des Gehirns, des Magens und des Verdauungssystems verfügen alle über eine Intelligenz, die uns in die Lage versetzt, zu wissen, welche Lebensmittel gut für unsere Gesundheit sind. Säuglinge können daher bestimmte Arten von Nahrung essen wollen, weil sie instinktiv verstehen, daß ihr Körper eine besondere Lebenskraft braucht, damit sie mehr in Einklang mit der Natur sein können. Da sie noch nicht in derselben Weise wie die Erwachsenen verdorben sind, die von Vorstellungen und Ansichten von der äußeren Welt beherrscht werden, folgen sie ihren inneren Gefühlen.

Nahrungsmittel der Saison sind am besten für den Körper, den Verstand und die Gefühle. Das, was in der Gegend wächst, wo wir leben, ist naturgemäß reich an Vitaminen, Mineralstoffen und Ernährungsbestandteilen, die der Körper braucht, um die natürlichen Kreisläufe mitzumachen. Selbst wenn wir keine Probleme haben und von uns glauben, bei bester Gesundheit zu sein, ist es sehr wichtig, den Körper mit diesen Ernährungsbestandteilen zu versorgen, um ihn dabei zu unterstützen, eine höhere Bewußtseinsebene zu erreichen. Beim Prozeß der persönlichen und geistigen Umwandlung ist es von großer Bedeutung, Nahrungsmittel der Saison zu essen. Wenn wir uns lediglich von Essen aus der Dose oder Importware von weither ernähren, wird der Nährstoffgehalt gering sein und uns nur auf einer stofflichen Ebene ernähren.

Die Art und Weise, wie wir die Nahrung zubereiten, ist ebenfalls wichtig. Essen, das in der Mikrowelle gegart oder zerkocht ist, unter Streß und lieblos hergerichtet wurde, mangelt es an Lebenskraft und Geschmack.

Die Nahrungsmittel, die für die drei Körpertypen (siehe Kapitel »Körpertypen«) geeignet sind, erhält man meist dort, wo die Menschen dieses Typs leben. Dennoch können Leute, die in Südamerika leben, ganz andere Speisen brauchen als diejenigen in Europa, selbst wenn ihr Körpertyp ähnlich ist. Das kommt daher, weil Nahrungsmittel Schwächen heilen, die wahrscheinlich bei den Menschen auftreten, die an bestimmten Orten leben. Im Gegensatz zu den Tropen, wo die Kreisläufe der Natur weniger rauh sind, hat Nahrung in der nördlichen und südlichen Halbkugel bestimmte Eigenschaften, die von den Wetteränderungen abhängen. Deshalb essen die eingeborenen Völker im Regenwald viele stärkehaltige Nahrungsmittel wie Yucca (amerikanische Palmlilie) und Süßkartoffeln, während in den Anden Quinoa und Mais die Grundnahrungsmittel darstellen. Was auch immer benötigt wird, die Natur hält es im Überfluß bereit.

Beim Wechsel der Jahreszeiten bietet die Natur bestimmte Nahrungsmittel an, die dem Körper bei der Umstellung auf die jeweilige Jahreszeit helfen, und unser Geschmack ändert sich entsprechend. In der nördlichen Halbkugel wird das Blut, das die Lebensenergie verkörpert, in den Monaten Oktober und November bei allen drei Körpertypen allgemein schwächer. Die Natur liefert dann bestimmtes Obst und Gemüse, das von Natur aus einen hohen Gehalt an wichtigen Ernährungsbestandteilen aufweist, die für die Stärkung des Körpers in dieser Zeit wichtig sind. Die Menschen der Antike, die den Mittelmeerraum bevölkerten, erachteten demnach den Granatapfel als überaus heilig. Da er in diesen Herbstmonaten reichlich vorkommt, hilft sein Saft dem Körper, im Einklang mit den Naturkreisläufen zu bleiben. Die Ernährungsbestandteile, die in dieser Frucht enthalten sind, stärken tatsächlich das Blut für die langen Wintermonate, während derer die Vitalität allgemein abnehmen kann. Der Körper benötigt sehr unterschiedliche Nahrungsmittel in Herbst, Winter, Frühling und Sommer. Alle Zyklen, die unser Körper durchläuft, sind, was die Pflanzen betrifft, verbunden mit den Naturkreisläufen. Wenn das Wetter kalt und regnerisch ist, nehmen die Bewohner der Anden feste und heiße Nahrung zu sich. Wenn das Wetter heiß und trocken ist, dann essen sie gewöhnlich kalte und flüssige Nahrung.

Der Glaube, daß das Essen »gut« oder »schlecht« ist, entfremdet uns von der Beziehung, die wir normalerweise mit Mutter Natur aufrechterhalten, von den Jahreszeiten, von unserem eigenen Körper, unserer Eingebung und unseren Gefühlen. Man sollte nicht an dogmatischen und strengen Vorstellungen über Nahrung festhalten. Folgen wir unserer Intuition über das, was unser Körper braucht! Anstatt einfach zu beurteilen, daß etwas »gut« oder »schlecht« ist oder uns auf Bücher zu beziehen, sollten wir auf unseren Körper hören. Wenn er krank ist, haben wir ein natürliches Verlangen nach der Art von Nahrung, deren Verzehr ratsam ist. Die Botschaften des Körpers müssen vor denen des Verstandes Vorrang haben.

Der Körper ist unser Tempel. Wenn wir zum Beispiel weiter unser Essen mit Salz und anderen derart kräftigen Zutaten überdecken, weil wir es so gewohnt sind, dann werden wir nicht die feineren Geschmacksnuancen der Nahrungsmittel erfahren, die unser Körpertempel braucht. Es ist sehr wichtig, den Kindern beizubringen, gute Nahrung zu essen, sobald sie geboren sind, weil sich ihr Geschmack in den ersten drei Jahren entwickelt. Dies hilft ihnen, einen intuitiven Geschmack und das Wissen über Nahrung auszubilden. So ist es in vielen eingeborenen Gesellschaften, und dies ist auch einer der Schlüssel zu lebendiger Stärke und guter Gesundheit.

Unser Gefühlszustand beim Essen ist ebenfalls wichtig. Kinder können intuitiv entscheiden, die Nahrung zu verweigern, sofern die Freude zur Essenszeit fehlt. Dies kann folglich bei ihnen zu einem schwachen Verdauungssystem führen, was mit Magenschmerzen und Eßstörungen endet, die heute geradezu alltäglich geworden sind. Viel später im Leben wird dies weiterhin Auswirkungen auf sie haben. Wenn die Kinder während der Mahlzeit mit der Familie nicht essen wollen und mit dem Essen um sich werfen usw., ist es entscheidend, daß die Eltern, statt frustriert oder wütend zu werden, ein Beispiel vorleben und Freude rund um den Tisch verbreiten. Auf diese Weise sind die Sprößlinge geneigt, ihr Essen mit derselben Freude zu verspeisen.

Nahrung muß gut für einen sein und sollte mit Vergnügen eingenommen werden. Ein fröhlicher, entspannter Körper ist der Tempel der Seele. Sobald wir eine Speise mit Genuß essen, nehmen wir deren Lebenskraft auf. Wenn wir Freude daran haben, Schokolade und Kuchen zu naschen, dann sollten wir es uns gönnen! Aber während wir diese Süßigkeiten verzehren, seien wir gegenwärtig und uns dessen gewahr, was wirklich in unserem Inneren geschieht. Nahrung, die mit Geschmacksverstärkern, Salz und Zucker vollgestopft und genetisch verändert ist, kann unsere natürliche Weisheit erdrücken; aber irgendwo bleibt diese Weisheit am Leben. Wir müssen unterscheiden, ob die Nahrung, die wir verwenden, ein wahrer Ausdruck von dem ist, was uns nährt, oder ein Suchtmittel, um das zu ersetzen, was wir tatsächlich fühlen. Wir müssen ein Urteilsvermögen entwickeln, das durch Nicht-Anhaftung an begrenzende Verhaltensweisen, Überzeugungen und Empfindungen gesteuert wird. Gleichzeitig ist es jedoch wichtig, was Essen anbelangt, nicht zu extrem zu sein. Ich sehe oft durchaus gutgesinnte Vegetarier, die ein ganzes Regelwerk über das haben, was »gut« und »schlecht« ist. Aber indem sie alles getrennt von ihren instinktiven Gefühlen betrachten, haben sie durch ihre Ernährung einen sehr zerbrechlichen und ungesunden Tempel erschaffen. Im Huachuma-Schamanismus gibt es keine dogmatischen Überzeugungen über irgendeine Ernährungsweise, sondern nur einfache Vorstellungen, die Richtlinien für ein Verhalten bieten, um bei guter Gesundheit zu sein. Es kommt auf das Gleichgewicht zwischen einem gesundem Menschenverstand und der spirituellen Gesinnung an.

Entsinne dich, daß der Huachuma-Schamanismus den Körper als wesentlich beim Vorgang der Verwandlung ansieht, besonders wenn man emotionale und geistige Veränderungen durchmacht. Die traditionellen Menschen sagen von bestimmten Nahrungsmitteln, daß sie sehr wichtig und heilig sind, weil es etwas Grundlegendes gibt, das mit der Lebenskraft dieser Speisen zusammenhängt. Wenn wir zum Beispiel Datteln, Mandeln, Joghurt und Honig essen – vier hochheilige Speisen –, bemerken wir, daß sie eine schöne Lebensenergie enthalten, die Körper, Verstand und Geist mit einer Lebenskraft versieht, die völlig anders als diejenige ist, die man in Schokolade, Kuchen und Eiskrem, die es in jedem Supermarkt gibt, vorfindet. Diese Süßigkeiten aus dem Supermarkt mögen sehr verlockend erscheinen, aber was geschieht tatsächlich, wenn sich diese Speisen im Körper einschreiben?

Sofern wir glauben, daß Freude in dem Geschmacksvergnügen liegt, das etwa Schokolade bieten könnte, werden wir niemals finden, wonach wir suchen. Wenn wir mit der Lebenskraft von Nahrung in Verbindung sind (wie der von frischen Lebensmitteln), erkennen wir, daß die Freude nicht abseits von uns gesucht werden darf und wir leicht unsere Süchte durchbrechen können. Wir verstehen, daß etwa Schokolade, Zucker, Kaffee, Alkohol und Zigaretten in diesem Sinne nicht gut für uns sind. Diese Abhängigkeiten sind negativ für den Körper. Sie bringen keine Freude, sondern nur eine kurzzeitige Verschnaufpause von dem normalen Unbehagen und der mangelnden Fülle, die wir empfinden. Wenn wir beginnen, Nahrung so zu schmecken, wie sie wirklich ist, entdecken wir, daß Dinge wie Zucker einfach einen zu derben Geschmack aufweisen und daß alle unsere Abhängigkeiten in Wahrheit eine Sinnestäuschung sind.

Diese Art der Empfindlichkeit ist nicht immer klar, wenn unsere Fähigkeit zu unterscheiden durch viele starke Geschmäcker verfälscht wurde. Diese Empfindlichkeit zu entwickeln, ist Teil der eigenen Umwandlung. Es gibt nichts »Gutes« oder »Schlechtes«. Was zählt, ist der Prozeß, der uns intuitiv feinfühlig macht für den echten Wesenskern der Nahrung, die wir aufnehmen.

Die Ureinwohner wissen, daß die Nahrung mit der meisten Lebensenergie Samen, Körner und einige Wurzelknollen sind, welche eine enorme Kraft zur Vermehrung aufweisen. Als zweites auf der Liste erscheinen Früchte und Gemüse, die ebenfalls eine erstaunliche Lebenskraft haben, jedoch nicht die Keimkraft der Samen besitzen. Die Energie dieser Lebensmittel, die sich leicht erschöpft, muß frisch statt aus der Dose oder tiefgefroren verwendet werden.

Wir können für uns prüfen, ob die Lebenskraft der Nahrung, die wir kaufen, sich mit dem verträgt, was wir für unseren Körper brauchen. Sobald wir uns eine Minute Zeit nehmen, um einfach die Energie von, sagen wir, einem Apfel zu erfahren, den wir zwischen unseren Handflächen halten, könnten wir spüren, daß ein Energiefluß auftritt. Wenn wir uns überlegen, daß 0 bedeutet, daß wir »überhaupt keine Energie« fühlen und 10 heißt, daß wir eine »starke Energie« wahrnehmen, dann haben wir eine Skala von 0 bis 10, um die Energie der Lebenskraft zwischen unseren Händen zu messen. Dies zu lernen, kann anfangs Zeit erfordern, weil der Verstand sich oft einmischt. Jedoch mit etwas Übung werden wir überrascht sein, daß ein Nahrungsmittel, von dem wir dachten, es sei gesund, eigentlich überhaupt nicht mit unserer Lebenskraftenergie vereinbar ist. Diese Prüfung kann erweitert bei all unseren materiellen Käufen angewandt werden. Wenn wir ein Gewebe aus Nylon oder Polyester erstehen, haben diese Stoffe normalerweise eine sehr niedrige Energie oder ihr Energiewert ist 0 im Vergleich zu Baumwolle oder Wolle. Diese Übung ist sehr einfach und trotzdem sehr beeindruckend. Das Problem besteht darin, daß wir immer beeinflußt sind von Werbebotschaften, kulturellen Überzeugungen, was andere (unsere Eltern, Freunde usw.) tun und sagen, und wir trauen nicht immer uns selbst. Je mehr wir diesen Energietest anwenden, desto mehr werden wir in Einklang mit unserem Körper und seiner Lebenskraft sein. Wir können es dann fertigbringen, viele Dinge zu kaufen, die völlig anders sind als das, was wir normalerweise kaufen würden.

Nahrung beeinflußt jeden auf die gleiche Weise. Wir alle durchleben ständig Änderungen, und Essen ist eine schöne Möglichkeit, um diesen Transformationsprozeß zu unterstützen und zu verstärken. (Fleisch, Hähnchen und Fisch unterstützen übrigens nicht diesen Vorgang, genausowenig wie sie die Lebenskraft in unserem Körper umsetzen.)

Indem wir empfindlicher werden, erkennen wir, daß jedes Lebensmittel eine bestimmte Eigenschaft hat und unser Bewußtsein auf unterschiedliche Weise beeinflußt: Weizen und Mais besitzen zum Beispiel eine Lebenskraft, die uns mehr zum Licht hin aufrichtet; Kartoffeln und andere Wurzelknollen hingegen ziehen uns zur Erde. Die Nahrung, die wir zu uns nehmen, wirkt mit unserem Körper zusammen und wirkt sich auf unser Leben aus.

In eingeborenen Gemeinschaften werden Säuglinge und Kinder niemals mit Fleisch gefüttert; eher gibt man ihnen Nahrung, die stärkere Lebenskräfte enthalten. Halbwüchsige können Ziegenmilch und sogar manchmal die Milch von anderen Tieren bekommen, um die Entwicklung ihrer Stärken in ihnen zu begünstigen. Indem sie Ziegenmilch trinken, werden sie dieselbe Kraft, dieselbe Abenteuerlust und denselben Mut wie die Ziege haben. Wenn sie Sojamilch zu sich nehmen, ist die Lebenskraft viel schwächer, weil diese Milch die Energie der Sojabohne enthält, welche an sich ziemlich energiereich ist, jedoch nicht im Einklang mit der Entwicklungsstufe eines kleinen Kindes, nehmen wir mal an, unter fünf Jahren ist. Das bedeutet nicht, daß Sojabohnen kein wichtiger Bestandteil unserer Ernährung sind, nur daß sie sich eben nicht für Kleinkinder eignen. Die Wirkung von Sojabohnen ist allgemein so ähnlich wie die von Fleisch. Sie sind reich an schweren Proteinen, und sie fördern dasselbe Gewicht und dieselben Eigenschaften wie Fleisch. Sie sind unpassend für Säuglinge, da sie deren Lebensenergie und Bewußtsein auf eine sehr tiefe und stoffliche Ebene herunterziehen. Idealerweise sollten Kinder die Milch ihrer Mutter lange genug trinken, um alle Eigenschaften und feinen Informationen zu bekommen, die für eine gute Gesundheit nötig sind. Wenn sie das Alter erreicht haben, eine andere Art von Milch zu trinken, dann sind sie eher phasengleich mit tierischer Milch, besonders Ziegenmilch, anstatt mit der von Pflanzen.

Sofern die Mutter das Gefühl hat, daß Tiermilch ihrem Kind nicht guttut, bietet ihr die traditionelle Kultur, in der sie lebt, gewöhnlich Alternativen. Die Bewohner des Mittleren Ostens waren daran gewöhnt, ganz besondere Milch mit Mandeln und bestimmten Kräutern herzustellen. Da sie reicher an Mineralstoffen und Kalzium als die meisten Nüsse oder Bohnen sind, werden Mandeln als eine heilige Speise betrachtet, die viele wünschenswerte Eigenschaften im Kind steigert. Genesende Kinder bekommen oft Mandelpaste mit einem Schuß Honig und etwas Heilkräutern. Natürlich würde man in die Ernährung von Kindern im Mittleren Osten täglich Tahina (Sesampaste) einbeziehen, die, ähnlich wie Milch, ebenfalls reich an Kalzium ist. Jede Nahrung liefert ein Bewußtsein oder eine innere Intelligenz, und es ist wichtig, daß Säuglinge und Kinder jene Lebensmittel essen, welche die notwendigen Eigenschaften für ihr optimales Wachstum und einen harmonischen Bewußtseinsgrad stärken.

Im Westen glauben wir oft, daß die Quantität an Nahrung, die wir essen, von größerer Bedeutung als ihre Qualität ist, und deshalb essen wir gegenwärtig viel mehr als die meisten Menschen aus traditionellen Gesellschaften. Aber diese eingeborenen und traditionellen Völker ernähren sich häufig viel gesünder und durch kleinere Essensportionen, was ihren Nachwuchs stärker als westliche Kinder macht, die sich trotz einer Ernährung mit einem ausgewogenen Verhältnis an Vitaminen, Proteinen und Mineralstoffen viele sogenannte »Kinderkrankheiten« zuziehen. Nach meiner Erfahrung waren diese

Kinderkrankheiten bei den Gemeinschaften, mit denen ich lebte, gering oder traten überhaupt nicht auf.

Um dieses Kapitel über Ernährung abzuschließen, möchte ich von einer »Ernährungspyramide« sprechen, die in vier Ebenen unterteilt ist. Diese wird dir eine gewisse Vorstellung von der ausgewogenen Ernährung geben, die deinen Körper nährt, indem du alles Wichtige aus der Nahrung aufnimmst.

Der Fuß der Pyramide bildet das Fundament für unseren Tempel. Um dieses Fundament zu errichten, ist es entscheidend, viel chemiefreies frisches Obst und Gemüse der Saison zu essen, das insbesondere aus der hiesigen Gegend stammen sollte. Pestizidfreies frisches Obst und Gemüse ist dafür bekannt, mühelos Rückstände und Giftstoffe zu beseitigen und den Verstand und stofflichen Körper zu reinigen; ein wichtiger Lebensprozeß. Ohne diese Nahrung stürzt der Tempel ein. Deshalb kann man unmöglich bei guter Gesundheit bleiben, wenn nur Dosennahrung und Vitaminpillen auf dem Speiseplan stehen.

Nehmen wir zum Beispiel Tomaten, die hier gewachsen und auf biologische Weise angebaut wurden. Sie haben einen völlig anderen Geschmack als solche, die im Treibhaus gezogen, chemisch behandelt oder zu allem Übel auch noch genetisch verändert wurden, um Eigenschaften zu erhalten, die nichts damit zu tun haben, was »nähren« im eigentlichen Sinn bedeutet. Anfangs ist es schwierig, den Unterschied herauszuschmecken, aber er wird um so klarer für dich, wenn du deine Empfindlichkeit gegenüber Nahrung entwickelst.

Die Lebenskraft von Nahrung ist anscheinend mehr in frischen Nahrungsmitteln enthalten als in solchen, die bereits einige Wochen alt sind. Eßwaren aus dem Supermarkt, die genetisch verändert, voller Salz, Zucker und anderen aufdringlichen Zutaten sind, haben ihren Wesenskern verloren. Ihre Eigenschaften und die Lebenskraft wurden geschwächt. Obst und Gemüse aus der hiesigen Region enthalten die Nährstoffe und die Lebenskraft, welche die Grundlage unserer Ernährung ausmachen sollten. Wenn wir Gemüse essen, müssen wir unbedingt daran denken, es nicht mit Früchten in ein und demselben Gericht zu vermischen. Allerdings ist es eine Ausnahme, wenn wir Früchte im Ofen backen und nebenher, sagen wir, Backkartoffeln als gesondertes Gericht garen.

Die folgenden Früchte können frisch während der Mahlzeiten genossen werden: Avocados, Melonen oder Papayas. (Bitte beachte, daß der Verzehr von roten Früchten während oder sofort nach der Mahlzeit Verdauungsprobleme hervorrufen kann, da sie sehr säurehaltig sind.)

Wenn man Gemüse zubereitet, sollte es nicht zerkocht werden, weil dies dazu führt, daß viele lebenswichtige Nährstoffe verlorengehen, die für eine gesunde Verdauung nötig sind. In zahlreichen Gemeinschaften Südamerikas, und vergleichbar in Polynesien, kocht man Gemüse nach traditioneller Art sehr langsam. Die Nahrung wird in Blätter von bestimmten Pflanzen oder Bäumen eingewickelt und über heißen Steinen in der Erde vergraben. Langsam und bei schwacher Hitze über mehrere Stunden gekocht, ist das Essen später sehr bekömmlich. Beim Kochen wirken zudem die vier Elemente: Das Feuer, um das Holz zu verbrennen und die Steine zu erhitzen, die Erde als Ofen, das Wasser aus dem Dampf, der aus dem erhitzten Gemüse austritt, und die Luft, die im Ofen zirkuliert. Im Westen könnten wir für ein ähnliches Ergebnis unglasiertes Tongeschirr verwenden, um unsere Speisen darin zu backen und die delikaten und feinen Eigenschaften zu erhalten, indem wir unser Essen langsam kochen.

Auf der zweiten Stufe der Pyramide sind Getreide und Samen anzutreffen. Diese Lebensmittel haben die Neigung, zum Licht zu wachsen, und enthalten etliche besondere und stärkende Mineralstoffe. Da man von ihnen weiß, daß sie der Entwicklung des Körpers dienen, sind sie in bestimmten Lebenslagen sehr wichtig, zum Beispiel wenn ein Kind schnell wächst oder ein Erwachsener viel körperliche

Arbeit verrichtet. Nach einer Krankheit oder während der Genesung sind diese Lebensmittel außerordentlich wertvoll für den Körper, nicht nur um ihn wieder aufzubauen, sondern auch um mehr Licht in die Zellfunktion zu bringen. Sie haben normalerweise einen hohen Proteingehalt, wenn sie mit Gemüse vermischt werden. Getreide zusammen mit Hülsenfrüchten bildet eine ideale Eiweißquelle.

Auf der dritten Stufe der Pyramide sind die Wurzelknollen wie süße Kartoffeln und Wurzeln zu finden, die alle unterirdisch wachsen. Diese Nahrungsmittel sind vor allem im Winter von Bedeutung und nach langen Krankheitszeiten, weil sie dem Körper gute Substanz liefern. Sie werden außerdem häufig nach Zeremonien verwendet, um den stofflichen und geistigen Körper zu erden.

Die Nahrungsmittel der dritten Stufe sind *nicht* besonders gut für Kinder unter fünf Jahren geeignet, weil sie die Energie der Lebenskraft in Richtung des Wurzelchakras lenken, welches besser mit ungefähr sechs oder sieben Jahren ausgeprägt ist, wenn das Kind verstärkt mit stofflichen Energien in Kontakt kommt. Da sie Mineralstoffe mit einer dichteren Qualität als frisches Gemüse enthalten, sind sie während des Wechsels der Jahreszeiten wichtig und in Situationen, in denen die Ernährung solche Mineralstoffe erfordert.

Die Spitze (oder die vierte Stufe) der Pyramide enthält die eiweißreichen und süßen Nahrungsmittel wie Nüsse, Samen, Bohnen, Hülsenfrüchte, Trockenfrüchte, Datteln, Rosinen, Milchprodukte, Milch, Käse, Joghurt, Tofu, Tempeh, Honig und Pilze. Sofern sie konsumiert werden, gehören auch Fleisch, Fisch und Eier auf diese Stufe der Pyramide. Diese Speisen müssen in Maßen genossen werden, weil sie aus konzentriertem Eiweiß und geballter Energie bestehen. Sie sind wichtig für Kinder sowie bei schwächenden Krankheiten.

Bohnen und alle Hülsenfrüchte sind in ihrer allgemeinen Wirkung auf unseren Körper dem Fleisch sehr ähnlich. Ich beziehe sie nicht in meine Ernährung ein, weil ich glaube, daß sie die feineren, verschönernden Eigenschaften, die durch Früchte und Gemüse angeregt werden, hemmen. Eines der wichtigsten Gemüse, das diese feinen, verschönernden Eigenschaften anregt und das ich täglich auf meinem Speisezettel habe, ist Meeresgemüse wie Arame, Nori, Hijiki, Dulse und Seetangpulver, des weiteren Algen wie Chlorella und Spirulina. Sie sind besonders wichtig für schwangere oder stillende Frauen.

Ich bin der Ansicht, daß wir so viele »heilige Speisen« wie möglich in unsere Ernährung einbauen sollten. Das sind zum Beispiel: Honig, Pollen, Mandeln, Pinienkerne, Nüsse, Datteln, Weintrauben, Granatäpfel, Kokosnüsse, Sesamkerne, Quinoa, Milch und Johannisbrot (Karob). Diese heiligen Speisen enthalten viele Spurenelemente, die der Körper braucht:

- Milch (von Kuh, Ziege, Schaf, Büffel usw.) ist heilig und für mich eine der Götterspeisen. Dennoch war es nie so gedacht, daß sie in rohem Zustand aufgenommen wird, sondern in Form von Joghurt, Sauermilch oder »Kefir« oder auf die vielen Arten, die sich die Menschen des Altertums ausdachten. Im geronnenen Zustand hat sie eine sehr geistige Beschaffenheit und ist ausgezeichnet für Kinder geeignet. Die Milch, die unsere Vorfahren tranken und noch heute häufig von den Angehörigen traditioneller Gesellschaften getrunken wird, ist sehr verschieden von der Milch, die im Supermarkt zum Verkauf steht. Supermarkt-Milch enthält sehr wenig Lebenskraft und ist voller Chemikalien, Antibiotika und Hormone, die oft Allergien und Reaktionen bei den Verbrauchern auslösen.
- Datteln und Johannisbrot sind eine reiche Mineralstoffquelle, besonders von Eisen und Magnesium, und haben eine gesunde Süße.
- Mandeln und Pinienkerne eignen sich ausgezeichnet, um den Körper zu stärken, vor allem während Zeiten der Genesung und bei Erschöpfung.

- Granatäpfel, Weintrauben und Kokosnüsse sind gut bei Blutarmut und für die Reinigung und Stärkung des Blutes.
- Honig ist ein hervorragendes Antibiotikum und in kleinen Mengen eine kräftig reinigende und heilende Nahrung.
- Sesam ist reich an Kalzium und Eisen und besonders basenbildend im Körper.
- Pollen ist eine Spitzennahrung mit beinahe jedem bekannten Ernährungsfaktor, enthalten in einer dichten und leicht verdaulichen Form.
- Quinoa, besonders als Sprossen, ist ein großartiges Stärkungsmittel, so ähnlich wie Hirse.

Die meisten Heilspeisen sind auf der obersten Stufe der Pyramide angesiedelt, weil sie bei übermäßigem Verzehr zu stark für den Körper zu sein pflegen.*

Bitte erinnere dich daran, daß im Huachuma-Schamanismus vor der Mahlzeit als ein Zeichen der Hochachtung gegenüber der Erde und um der Nahrung und seines Ursprungs zu gedenken, eine kleine Essensmenge für Mutter Erde beiseitegelegt wird. Auch ist es wünschenswert, wenn der Vorgang des Essens ruhig und freudig ist. Mit jedem Bissen sollte man sich der Nahrung völlig bewußt sein. Essen ist nicht nur ein körperlicher Vorgang, sondern eigentlich ein ganzheitlicher Vorgang der Erhöhung und Entwicklung.

---

* Nähere Informationen zu Heilspeisen und Kefir finden Sie auf der Website und in den dort angebotenen Broschüren: www.tonysamara.org

Energetische Körperstellungen

Im Huachuma-Schamanismus werden energetische Stellungen eingesetzt, um dem Körper zu helfen, sich physisch, emotional und geistig auf die Zyklen der Natur einzustellen. Diese Stellungen sind denen des Tai Chi und Yoga sehr ähnlich, und ich glaube, daß sie noch älter sind.

Wenn wir in Südamerika oder Ägypten aufmerksam einige der Symbole und Zeichnungen an den Ruinen sehr antiker Tempel betrachten, fallen uns Menschen und Tiere in ungewöhnlichen Posen auf. Sobald wir regelmäßig diese Stellungen üben, verstehen wir ihre Bedeutung. Sie sind nicht nur nützlich, um unserem stofflichen Körper zu helfen, stärker zu werden, sondern auch, um uns emotional und geistig auszurichten und unsere innere Kraft im Verhältnis zu der von Mutter Erde zu entwickeln. Diese Übungen sind besonders vorteilhaft zu gewissen Tageszeiten, weil sich die Energien morgens, nachmittags und nachts unterscheiden.

Hier sind zehn Grundübungen, die Schamanen und die Menschen des Altertums seit Jahrtausenden angewendet haben:

Reinigung der Energie

Diese sehr einfache Übung hilft dem Körper, Energie freizusetzen. Sie kann immer dann durchgeführt werden, wenn man sich durch äußere Umstände erdrückt oder gestreßt fühlt.

Stehe in entspannter Haltung. Atme einige Male durch die Nase tief ein und aus. Fahre fort, tief im Rhythmus mit der folgenden Bewegung zu atmen. Stelle dir vor, wie sich der Streß und die erdrückende Energie klären, indem du gleichzeitig den ganzen Körper, besonders die Hände, für ein paar Sekunden schüttelst. Wiederhole diese Übung drei- oder viermal und achte darauf, daß die ganze Anspannung um das Gesicht und den Kiefer herum völlig mit diesen schüttelnden Bewegungen verschwindet. (Es wäre hilfreich, wenn du dabei seufzt.)

Gehmeditation

Eine meiner Lieblingsübungen, die sich gleichermaßen für jung und alt eignet, besteht aus Gehen. Für den Erhalt der Gesundheit und zur Verlängerung des Lebens ist das Gehen im Freien mit reichlich Sonnenschein ein Geschenk, das eines der sichersten Schutzmaßnahmen gegen Krankheit darstellt. Indem wir die Lebenselixiere in der frischen Luft aufsaugen, wird das Blut reiner, der Verstand klarer und die vergessene Lebenskraft kehrt in den Körper, Verstand und Geist zurück.

Gehe langsam und atme ein und aus mit völligem Gewahrsein. Stimme dein Atmen auf den Rhythmus und das Tempo deiner Bewegungen ab. Sei dir aller Geräusche und Naturelemente gewahr, die dich umgeben. Erlaube deinem Verstand auszuruhen und tauche ein in die Lebendigkeit des Lebens. Mache dies einmal täglich für mindestens 20 Minuten oder länger.

Erdungsübung

Diese Übung hilft dabei, die Energie zu erden, die sich im Bereich um den Kopf befindet, indem sie hinunter zum Wurzelchakra gelenkt wird. Sie ist nicht geeignet für alle, die Probleme mit dem Rückgrat oder dem Nacken haben.

Stehe in entspannter Haltung. Richte deinen Körper langsam vom Boden auf die Fußballen auf, bis du auf den Zehenspitzen stehst. Dann kehre wieder zur entspannt stehenden Ausgangsposition zurück, indem du mit den Fersen fest aber doch behutsam den Boden berührst. Der Körper ist die ganze Zeit über völlig entspannt. Atme durch die Nase ein, während du dich auf deine Zehenspitzen aufrichtest, und aus, wenn du die Fersen wieder absenkst und gleichzeitig den Ton »HU« singst. Wiederhole die Übung drei- oder viermal, wann immer es nötig ist.

Die Baumübung

Diese Übung zu machen, ist besonders dann wichtig, wenn man sich von negativen Gedanken übermannt fühlt (deinen eigenen oder von den Leuten, die dich umgeben). Denn sie trägt dazu bei, daß sich diese negativen Energien leicht lösen, damit man in einen Zustand größerer Ausgeglichenheit und Harmonie zurückkehrt.

Suche dir einen schönen Baum oder stelle ihn dir vor und hocke dich vor ihm hin. Halte dich mit beiden Händen an seinem Stamm fest und halte dabei das Gleichgewicht. Du kannst dies auch aufrecht stehend tun, wenn das Sitzen in der Hocke zu schwierig ist. Visualisiere die positive Stärke des Baumes, die dir hilft, all das loszulassen, was dich in deinem Leben erdrückt. Fühle, wie sich die energetischen Ungleichgewichte langsam aus deinem Körper herausbewegen. (Über deine Hände dringen diese Ungleichgewichte in den Baumstamm ein und sinken durch seine Wurzeln zurück in die Erde, wo sie von Mutter Erde in eine ausgeglichene Energie verwandelt werden.)

Dann atme tief durch die Nase ein und spüre mit jedem Atemzug, wie die Lebenskraft des Baumes deinen ganzen Körper stärkt und stützt (besonders das Rückgrat) und wie sich überall im Körper ein kribbelndes Gefühl regt. Atme weiter und fühle dich völlig eins mit dem Geist des Baumes. Als Zeichen der Anerkennung und Dankbarkeit gegenüber dem Baum lasse ein einfaches Geschenk zurück, das aus Mais, Salbei, einer Blume, einem Heilkraut oder einem Kristall bestehen könnte und deine Wertschätzung für die Heilung, die du von dem Baum erfahren hast, ausdrückt.

Das Herz stärken

Diese Übung ist besonders wohltuend zwischen 4 und 5 Uhr morgens.

Setzte dich bequem mit überkreuzten Beinen und aufrechtem Rücken auf ein Polster. Löse die Schultern. Schließe die Augen. Atme langsam und tief. Wenn du beginnst, dich ruhig zu fühlen, lenke das Bewußtsein auf die Herzgegend und lege die Hände in entspannter Weise auf die Knie, die Handflächen zeigen nach oben. Während du einen tiefen Atemzug durch die Nase nimmst, indem du den tieferen Teil der Lungen (in Richtung Bauch) einsetzt, führe die Daumen und Mittelfingerspitzen an beiden Händen zusammen und drücke sie sanft gegeneinander. Mit jedem Ausatmen durch den Mund entspannst du den gesamten Körper und läßt los, indem du gleichzeitig einen Summlaut von dir gibst. Es ist wichtig, Atem und Klang auszudehnen. Wiederhole diese Übung 15 bis 20 Minuten lang.

Die Leberübung

Diese sehr kraftvolle Übung eignet sich besonders gut zur Entgiftung des Körpers. Der ideale Zeitpunkt, um sie auszuführen, ist bei Sonnenaufgang und/oder Sonnenuntergang.

Stehe mit dem Gesicht zur Sonne gewandt und entspanne den Körper. Beuge leicht die Knie, die Füße sind etwa schulterbreit auseinander und die Augen ruhig auf den Himmel gerichtet. Während du durch die Nase einatmest, stelle dir (mit offenen oder geschlossenen Augen) vor, wie die Sonnenenergie in deinen Körper eindringt, in Richtung des Solarplexus-Bereichs (knapp über dem Bauchnabel). Lege langsam die Hände auf den Solarplexus, eine über die andere. Atme durch den Mund aus, begleitet von einem langgezogenen »Aah«, und achte dabei auf deine Lebergegend. Visualisiere, wie sich die Leber öffnet, um die Giftstoffe freizusetzen. Fühle, wie die Sonnenenergie die Leber in Hitze, Wärme und Licht badet. Wiederhole dies für einige Minuten.

Die Bärenstellung

Diese Haltung stärkt den Bauch, den Darm sowie die Fußknöchel und verleiht dem Körper Spannkraft. Sie ist besonders gut geeignet für alle, die unter Verstopfung leiden und einen empfindlichen Magen haben. Bei Frauen erleichtert sie zudem die Geburt, aber bitte nicht übertreiben! Die beste Zeit für diese Übung liegt zwischen 8 und 9 Uhr morgens.
(Beachte: Diese Übung wird nicht empfohlen bei Hämorrhoiden.)

Vereinfachte Form für Kinder: Hocke dich auf ebener Fläche hin, die Fersen und Zehen berühren dabei den Boden. Das Gewicht des Körpers sollte nahe am Boden sein. Halte den Rücken gerade, mit den Händen auf der Brust oberhalb der Knie, und schaue mit aufgerichtetem Kopf geradeaus. Atme ganz entspannt und achte darauf, daß Gesicht und Schultern völlig ruhig und entspannt sind.

Die weiterentwickelte Form dieser Stellung ist nicht geeignet für jemanden, der unter Kreuzschmerzen leidet. Erhebe dich aus der leichten Position a) auf deine Fußballen und halte auf den Zehenspitzen das Gleichgewicht. Nur der Bereich um die Fußknöchel ist angespannt, während der restliche Körper völlig locker ist. Die Atmung sollte tief sein und den Unterkörper mit den Fußfersen verbinden. Sobald sich ein Gefühl der Entspannung einzustellen beginnt, bewege die Hände von der Brust nach oben zu den Schultern, stütze leicht die Ellbogen auf den Knien ab und achte darauf, daß das Gesicht immer noch nach vorne zeigt. Bleibe eine Weile in dieser Haltung und atme die ganze Zeit über leicht und entspannt.

Die Dritte-Auge-Meditation

Diese Übung bewirkt, daß die Energie entlang der Wirbelsäule zum Dritten Auge aufsteigt. Sie ist besonders wirksam um etwa 13.30 Uhr, jedoch nicht empfehlenswert für alle diejenigen mit Kreuzproblemen.

Setze dich bequem mit überkreuzten Beinen auf den Boden und mache den Rücken gerade, drücke den Brustkorb heraus und halte den Kopf genau in einer Linie mit der Wirbelsäule. Führe deine Hände hinten an deinen Nacken und verschränke die Finger ineinander. Atme tief durch die Nase ein, und während du durch die Nase (oder den Mund) ausatmest, senke die Stirn nach unten auf den Boden – beuge dich dabei aus der Hüfte anstatt aus der Taille – und berühre ihn, wenn du kannst. Behalte diese Stellung solange wie möglich bei, während du gleichzeitig den Atem anhältst. Wenn du das Bedürfnis hast einzuatmen oder es anfängt, unbehaglich zu werden, bringe den Körper sanft zurück in eine aufrechte Haltung, atme langsam ein und stelle dir vor, wie sich das Dritte Auge öffnet. Fühle dabei die Energie durch den ganzen Körper kreisen. Wiederhole die Übung fünf bis zehn Mal.

Die Drüsen-Meditation

Diese Vier-Stufen-Übung scheint mir sehr wichtig zu sein, nicht nur für den stofflichen Körper, sondern auch, um den gesamten emotionalen und feinstofflichen Körper vor dem Streß zu bewahren, mit dem wir jeden Tag überschüttet werden. Sie kräftigt die Körperdrüsen und hilft dir, dich jung zu fühlen und jung zu bleiben. Man sollte sie vor allem zwischen 17 und 19 Uhr ausführen.

1. Nimm eine bequeme Sitzhaltung ein, vorzugsweise am Boden. Halte den Rücken gerade und den Kopf aufrecht. Achte darauf, daß die Schultern locker sind und jegliche Anspannung im Gesicht gelöst ist (überprüfe besonders die Kiefermuskeln). Schließe die Augen, atme tief durch die Nase ein und lasse beim Ausatmen (durch Nase oder Mund) wieder vollkommen los. Indem du einen weiteren tiefen Atemzug nimmst, fülle den ganzen Körper mit Luft und lasse erneut los. Mit dem dritten Atemzug fülle den ganzen Körper mit Luft und zähle dabei bis sieben. Dann halte den Atem an und zähle bis zwei. Atme behutsam aus, während du gleichzeitig bis sieben zählst, und achte darauf, daß all die restliche Luft aus deinem Körper gut ausgestoßen wird. Halte die Ausatmung der Lungen für zwei Zähler. Atme erneut ein, während du bis sieben zählst, und wiederhole diese Übung einige Male (7-2-7-2). Wenn du die Übung abgeschlossen hast, warte ungefähr fünf Minuten und mache erst dann mit der nächsten weiter.

Diese Übung hilft, Störungen bei den chemischen Vorgängen im Körper zu beheben, wodurch die Selbstheilungskräfte des Körpers angeregt und gestärkt werden.

2. Halte die Augen geschlossen und spüre (oder visualisiere) die Energie im Körper einfach als eine Bewegung im Inneren, die vom unteren Ende der Wirbelsäule aufsteigt. Wiege dich entweder seitlich hin und her oder beschreibe einen leichten Kreis mit deinem Oberkörper. Atme tief ein und aus. Die Wirbelsäule und der Kopf sind gerade, und nur das Ende der Wirbelsäule bewegt sich und versetzt den Rumpf in eine sanft kreisende Bewegung. Die Bewegung sollte ganz natürlich vom Ende der Wirbelsäule ausgehen. Während du die Übung vornimmst, lege die Zungenspitze an den vorderen Teil des Gaumens hinter den Zähnen. Wenn du magst, kannst du alles

mit einem Summen begleiten. Die gesamte Übung kann fünf bis zehn Minuten ausgeführt werden oder länger, wenn du dich dabei wohlfühlst.

In dem Augenblick, wenn man beginnt, diese Bewegung vorzunehmen, oder sie beendet, kann man sich etwas leicht im Kopf fühlen oder eine ungewöhnliche Sinnesempfindung haben. Das ist ein gutes Zeichen. Es bedeutet, daß sich das Dritte Auge und das 7. Chakra gerade öffnen, weil diese Übung die Hirnanhangdrüse und Zirbeldrüse anregt. Diese Drüsen werden als entscheidend für geistiges Wachstum betrachtet, da sie dabei helfen, das 6. Chakra (Drittes Auge) und das 7. Chakra (oftmals »Kronenchakra« genannt) zu öffnen. Die Übung steigert ebenfalls die Herstellung eines besonderen Fluidums (durch das Gehirn, das auf diese Weise angeregt wird), die sich abwärts im stofflichen Körper auszubreiten beginnt. Dieses Fluidum ist sehr wichtig, um die Körperzellen umzuwandeln und ihnen zu ermöglichen, mit der Transformation und dem geistigen Wachstum jedes einzelnen mitzukommen. Der Umwandlungsprozeß arbeitet von selbst bei Säuglingen und Kindern, geht jedoch mit dem Alter verloren, wenn das Ego die Führung übernimmt und wir anfangen, die Welt als begrenzt anzusehen. Bei Erwachsenen funktionieren die Hirnanhangdrüse und Zirbeldrüse in viel geringerem Maße als bei Neugeborenen. Je mehr wir mit unserem Ego arbeiten, desto mehr vermindert sich tatsächlich dieses Fluidum, und die Hirnanhangdrüse und Zirbeldrüse schrumpfen. Die einzigen Erwachsenen, die weiterhin sehr aktive Drüsen haben, beschäftigen sich viel mit Meditation, innerer Einkehr, Singen und verschiedenen Yoga- oder Tai Chi-Bewegungen. Diese Drüsen sind ebenfalls sehr aktiv bei spirituellen Menschen, bei denen das Fluidum von ihrem gesamten Körper auszuströmen pflegt. Sobald das Fluidum anfängt, hinab in die Kehle zu rinnen (das ist vielleicht erst erkennbar, wenn man sensibler für feine Sinnesempfindungen ist), kann man mit der nächsten Übung weitermachen.

3. Vergewissere dich erneut, daß der Körper entspannt ist und die Schultern locker herabhängen. Atme durch die Nase ein, bewege leicht den Kopf rückwärts und fühle, wie sich der ganze Hals dehnt, bis der Kopf sicher hinten ruht mit den Augen nach

oben blickend. Während du ausatmest, bringe den Kopf dann behutsam und allmählich zurück in eine aufrechte Haltung. Anschließend bewege den Kopf langsam und sanft nach vorne, bis das Kinn auf der Brust ruht. Die Schultern sollen entspannt sein. Während du einatmest, bringe den Kopf zurück in eine aufrechte Haltung und beim Ausatmen neige ihn nach rechts mit den Augen geradeaus blickend. Behalte die Stellung bei, bis du spürst, daß die gegenüberliegende Halsseite völlig gestreckt ist und der Kopf fast auf der rechten Schulter ruht. Atme ein und bringe den Kopf sanft zurück in eine aufrechte Haltung. Atme aus und neige den Kopf zur linken Schulter, bis du spürst, daß die gegenüberliegende Halsseite völlig gestreckt und biegsam ist. Atme ein und bringe den Kopf wieder zurück in eine aufrechte Haltung. Wiederhole die Übung einige Male und mache dann mit der letzten weiter.

Beim Wiederholen dieser Übung fühlt man, daß der Hals gestreckt und biegsamer wird. Die Bewegungen des Kopfes stärken die Schilddrüse (das Energiezentrum der Kommunikation), helfen dem stofflichen Körper durch die Stärkung des Immunsystems ins Gleichgewicht zu kommen und ermöglichen es, bei Übergewicht abzunehmen bzw. bei Untergewicht zuzunehmen. Diese Übung gleicht auch die Emotionen aus und hilft dabei, seine spirituelle Einsicht und Weisheit auf kommunikative Weise kundzutun. Dadurch kann man sich über tiefsinnigere und wichtigere Dinge als das Wetter sprechen hören. Diese Übung trägt außerdem dazu bei, daß sich das Kehlchakra öffnet, wodurch wir tiefe Gefühle empfinden und erfahren können, die wir zuvor nicht wahrgenommen hatten. Das ist ein gutes Zeichen und Teil des Transformationsprozesses. Indem wir tiefer mit uns und der Welt kommunizieren, stärken wir einen tieferen Teil von uns selbst.

4. Nimm ein paar tiefe Atemzüge und entspanne deinen Körper. Führe die rechte oder linke Hand oder beide zum Bereich des oberen Brustkorbs (dem Brustbein), und klopfe sanft und schnell mit den Fingerspitzen darauf. Wiederhole dies für einige Minuten, während du tief in diesen Bereich hineinatmest

und entspannst oder wahlweise beim Ausatmen den Ton »Aah«
erzeugst. Sobald die Übung abgeschlossen ist, schließe eine
Weile deine Augen, aber werde dir der Umgebung und der
Geräusche um dich herum gewahr. Dann bereite dich langsam,
immer noch tief atmend, darauf vor, in die Welt des Alltags
zurückzukehren.

*Indem du diese Übung für ein paar Minuten tust, kann das Fluidum von
der Kehle hinunter ins Herz wandern und sich überall im stofflichen
Körper ausbreiten. Sie hilft den spirituellen und emotionalen Bestandteilen
unseres Selbst im stofflichen Körper geerdet zu sein. Überdies trägt sie
dazu bei, das Immunsystem zu stützen, und sie stärkt Herz und Lungen.
Schließlich hilft sie, uns in einer ausgeglicheneren Weise auf die tiefgreifenden Veränderungen vorzubereiten, die in uns vorgehen werden.*

Die Übung des Adlers

*Diese Haltung wird angewendet und hilft dabei, verlorene Gegenstände
ausfindig zu machen und sich vergessene Erinnerungen ins Gedächtnis
zurückzurufen. Sie wurde sehr häufig in Südamerika bei Initiationen eingesetzt, während derer die Schamanen geprüft wurden, Gegenstände oder
vergrabene Schätze zu finden. Sie sollte vorrangig zwischen 20 und 22 Uhr
praktiziert werden, wenn der Verstand besonders empfänglich ist.*

Suche dir einen ruhigen Ort, wo es dir möglich ist, für fünf bis
zehn Minuten ungestört zu sein. Stehe entspannt mit deinen
Händen seitlich am Körper liegend, während dein Kopf nach
vorne blickt. Lasse deine Schultern locker. Schließe sanft deine
Augen und visualisiere, daß sich dein Körper verändert und
eins mit einem Adler wird. Während du durch die Nase einatmest, hebe deine Arme von den Seiten auf Schulterhöhe an,
die Finger zeigen dabei auf den Boden. Beim nächsten Einatmen
spüre, wie dein ganzer Körper anfängt, sich leicht hin und her
zu wiegen. Mit immer noch geschlossenen Augen stelle dir vor,
wie dein Körper zu fliegen beginnt. Male dir aus, daß du alles

bemerkst, während du deine Kreise ziehst. Sobald deine Arme anfangen, müde zu werden, können sie sanft gegen die Seiten des Körpers herabsinken. Wiege dich weiter ein bißchen hin und her, während du dich auf dein Drittes Auge konzentrierst. Sei einfach gegenwärtig, ohne zu versuchen, etwas Bestimmtes zu tun. Fühle bloß das Wiegen deines Körpers, wie es dich immer tiefer dazu führt, gegenwärtig für etwas zu sein, das gebraucht wird.

Was du glaubst, finden zu müssen, kann etwas völlig anderes sein als das, was der Adler dir zu entdecken hilft. Sei einfach gegenwärtig bei dem Vorgang und erlaube der Botschaft, zu dir durchzudringen, ohne sie logisch oder analytisch verstehen zu wollen. Bleibe in diese Stellung solange du es für nötig hältst.

—

Nachwort

»Die äußere Welt prägt nicht unseren Bewußtseinszustand, vielmehr fordert sie uns auf, eine Wahl zu treffen.

Eine Wahl, bei der wir die Stimme der Wahrheit vernehmen, die uns sanft einlädt, uns vom Irrsinn abzukehren, den wir uns selbst erschaffen haben. Eine Wahl, die uns einlädt, über die Welt des Unbewußten hinauszugehen, indem wir völlig im gegenwärtigen Augenblick versunken bleiben.

Wenn wir jeden ganzen und vollständigen Atemzug mit Gewahrsein tun, machen wir den größten Sprung zur Erleuchtung; wir des-identifizieren uns von dem, was uns daran hindert, völlig gegenwärtig zu sein.

Im gegenwärtigen Augenblick leben wir in einer unbegrenzten Dimension von wunderbaren Möglichkeiten, die alle zum Abenteuer des Wachsens führen, während wir unser Herz entflammen und wahre Freiheit erleben.«

Auszug aus »From the Heart – The Teaching of Tony Samara, Volume I«

Glossar

Ayahuasca – ein heiliger bewußt-seinsverändernder Trank, von dem man glaubt, daß er dem einzelnen hilft, Energien und Wirklichkeiten wahrzunehmen, die man im gewöhn-lichen Leben nicht erkennt.

Balance – ein harmonisches, fried-liches und liebevolles Dasein in Verbindung und Austausch mit der Umgebung und der Innenwelt.

Chakra – ein Energiezentrum, das sich sowohl im stofflichen als auch feinstofflichen Körper befindet und mit dem Nervensystem entlang der Wirbelsäule verbunden ist.

Gewahrsein – ein Bewußtseinszu-stand, ein Gefühl des Einsseins mit der Umgebung und in der Lage zu sein, über soziale, kulturelle oder ego-istische Begrenzungen von Sinnen und Verstand hinaus zu verstehen.

Illusion – nach einem Programm leben oder einer Idee, einem Ge-danken, einem Gefühl, anstatt anzu-nehmen, was unmittelbar gegenwär-tig in unserem Leben ist.

Initiation – ein Ritual, das den Ein-geweihten einläßt in eine Welt des Mysteriums über eine normale Er-fahrung hinaus, eine direkte Über-tragung von Wissen.

Karma – alle Handlungen, Gedan-ken und Gefühle, die eine Reaktion entsprechend dem Original hervor-rufen, jedoch nicht unbedingt die-selbe Qualität haben.

Medizinrad – eine Orientierungs-karte, die häufig mit kosmischen und astrologischen Kräften sowie den irdischen Kräften verbunden ist.

Mesa – ein südamerikanisches Me-dizinrad mit verschiedenen kulturel-len Symbolen, das häufig bei rituel-len Heilungen verwendet wird.

San Pedro – ein heiliger leicht be-wußtseinsverändernder Trank, der zur Heilung eingesetzt wird und um die Tiefe und Vielschichtigkeit der Welt auf verschiedenen Ebenen wahrzunehmen.

Schamane – ein Heiler, der in ein anderes Verständnis von Krankheit und Leiden eingeweiht ist.

Schamanismus – eine Kultur, die Schamanen aufweist und Krankheit und Leiden von der Sichtweise eines Schamanen begreift.

Zen Buddhismus – eine japani-sche Tradition der Meditation, wel-che die direkte Erfahrung und Wahrnehmung hervorhebt, wie man sich von Karma befreit und Frieden findet.

Über den Autoren

Tony Samara, Jahrgang 1965, entstammt einer Familie mit verschiedenen kulturellen Wurzeln (Europas und des Mittleren Ostens). Stets die geistige Erfüllung als höchstes Ziel vor Augen, haben ihn seine Klarheit und seine Lebenserfahrung zu einem lebendigen Beispiel dessen werden lassen, was möglich ist. Er ist eine Brücke, die uns von unseren Begrenzungen fort und zum Wesentlichen in uns hinführt, und eine leuchtende Erinnerung an das grenzenlose Potential des Menschseins.

Veranstaltungen und Seminare von Tony Samara und weitere Informationen finden Sie unter www.tonysamara.org (auch auf deutsch).

Kontakt zum Autor (auf englisch):
tony@tonysamara.org

Danksagung

Meinen tiefsten Dank möchte ich Christian Ghasarian aussprechen für die Zeit und die Arbeit, die er aufgewendet hat, um aus meinem Manuskript dieses Buch entstehen zu lassen. Außerdem würde ich gerne Muriel von Sydney danken, Maery und Venetia vom »Morningswood« und all den anderen lieben Menschen, die dazu beigetragen haben, die Teile des Puzzles zusammenzufügen; die geholfen haben, dieses alte Wissen in die heutige Welt zu tragen, um Ihnen allen Freude zu bereiten. Und natürlich wäre nichts von alledem möglich gewesen ohne die Geduld und das Verständnis meiner Frau Sylvia und meiner Kinder Sai, Shara und Tavi.

Wolf Ondruschka
Geh den Weg des Schamanen
Das Medizinrad in der Praxis

Dieses praktische Arbeitsbuch ist eine Einladung, sich auf die unbekannte und doch vertraute Welt der schamanischen Wirklichkeit einzulassen. Es führt behutsam zur eigenen Kraft und vermittelt die grundlegenden Werkzeuge wie Visionssuche, Schamanische Reise, Medizinräder und Zeremonien.
Kartoniert, 128 Seiten, 14,6 x 21 cm
ISBN 978-3-89060-044-4

Steven Ash
Heiliges Trommeln im Medizinrad
Rituale und Zeremonien mit der Trommel

Die Trommel gilt den Schamanen als Brücke in die Welt der Geister. »Heiliges Trommeln im Medizinrad« beschreibt, wie man dieses Instrument bei Zeremonien und Ritualen einsetzt – lebendig in seiner Sprache, ästhetisch und anschaulich durch seine Bilder. Eine CD mit Trommelmusik für Trancen, Meditationen und Heilungen zum Zuhören oder zum Mitspielen ergänzt dieses Buch, das uns alle dazu einlädt, mit Hilfe der Trommel geistige Dimensionen zu erkunden.
Paperback, 144 Seiten durchgehend farbig, mit CD (60 Minuten)
ISBN 978-3-89060-066-6

Éric Julien
Der Weg der neun Welten
Die Kogi-Indianer und ihr Urwissen vom Leben im Einklang mit Himmel und Erde

Im Jahre 1985 unternahm der französische Geograph und Alpinist Éric Julien eine außergewöhnliche Expedition in die Berge Kolumbiens. Dort kam er unter eigenartigen Umständen in Berührung mit den Kogis: Er war an einem Lungenödem lebensgefährlich erkrankt. Angehörige dieses Stammes retteten und heilten ihn mit Pflanzen und ihrem Wissen aus einer anderen Zeit. Nach seiner Rückkehr nach Paris erfuhr er, daß diese Indianer die letzten Erben einer großen vorkolumbianischen Kultur Südamerikas sind.

Zehn Jahre später kehrte Julien in die Berge zurück, um den Kogis zu helfen, ihr angestammtes Land zurückzubekommen. Unter manchen Gefahren (Drogenhändler, Guerilleros) fand er den Weg in ihr Rückzugsgebiet, wo dieses Volk im stillen Gebirge abgeschieden lebt und eine großartige Schönheit in seiner Beziehung zur Natur aufrechterhält.
Paperback, 320 Seiten, 32 Farbtafeln
ISBN 978 3 89060 322 3

Bücher von NEUE ERDE im Buchhandel

Im deutschen Buchhandel gibt es mancherorts Lieferschwierigkeiten bei den Büchern von NEUE ERDE. Dann wird Ihnen gesagt, dieses oder jenes Buch sei vergriffen. Oft ist das gar nicht der Fall, sondern in der Buchhandlung wird nur im Katalog des Großhändlers nachgeschaut. Der führt aber allenfalls 50% aller lieferbaren Bücher. Deshalb: Lassen Sie immer im VLB (Verzeichnis lieferbarer Bücher) nachsehen, im Internet unter **www.buchhandel.de**

Alle lieferbaren Titel des Verlags sind für den Buchhandel verfügbar.

Sie finden unsere Bücher in Ihrer Buchhandlung oder im Internet unter **www.neueerde.de**

Bücher suchen unter: **www.buchhandel.de**. (Hier finden Sie alle lieferbaren Bücher und eine Bestellmöglichkeit über eine Buchhandlung Ihrer Wahl.)

Bitte fordern Sie unser Gesamtverzeichnis an unter

NEUE ERDE GmbH
Cecilienstr. 29 . D-66111 Saarbrücken
Fax: 0681 390 41 02 . info@neueerde.de